남녀노소 모두의

천자문 쉽게 읽기

남녀노소 모두의 천자문 쉽게 읽기

1판 1쇄 인쇄 | 2015년 1월 25일
1판 1쇄 발행 | 2015년 1월 30일

역　해 | 안기섭
고　문 | 김학민
펴낸이 | 양기원
펴낸곳 | 학민사

등록번호 | 제10-142호
등록일자 | 1978년 3월 22일

주소 | 서울시 마포구 독막로 10 성지빌딩 715호(121-897)
전화 | 02-3143-3326~7
팩스 | 02-3143-3328

홈페이지 | http://www.hakminsa.co.kr
이메일 | hakminsa@hakminsa.co.kr

ISBN 978-89-7193-225-4 (03710), Printed in Korea

이 도서의 국립중앙도서관 출판시도서목록(CIP)은 e-CIP홈페이지(http://www.nl.go.kr/ecip)와
국가자료공동목록시스템(http://nl.go.kr/kolisnet)에서 이용하실 수 있습니다.
(CIP제어번호 : CIP2015000731)

남녀노소 모두의

천자문 쉽게 읽기

역해 · 안기섭 安奇燮

학민사
Hakmin Publishers

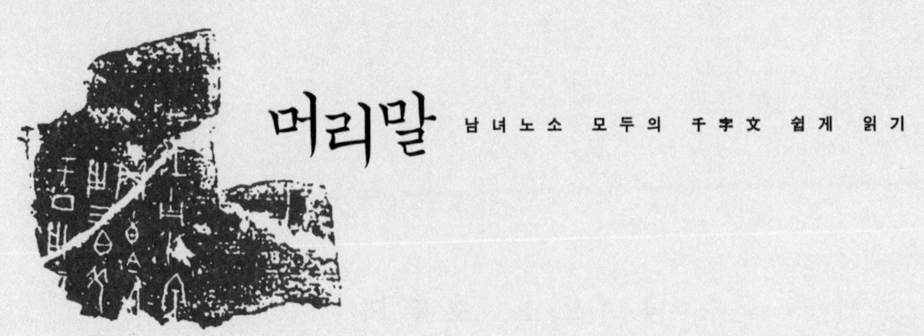

머리말

남녀노소 모두의 千字文 쉽게 읽기

이 책을 쓴 이유는 단 한 가지이다. 지금까지 나와 있는 千字文(천자문) 풀이 서적들이 너무 어렵다는 것이다. 이렇게 된 주요 원인은 한자와 한문을 지나치게 특별한 것으로 여기는 데 있는 듯하다.

한자도 우리의 한글 문자나 다른 언어를 기록하는 문자와 마찬가지로 말소리를 기록하는 기호라는 점에서 같다. 단지 문자들 간에 차이가 있을 따름이다. '한' 이라는 소리를 나타냄에 우리는 'ㅎ+ㅏ+ㄴ' 처럼 이 글자를 구성하는 낱낱의 소리를 알 수 있는 문자를 사용하지만, 한자는 '漢' 이라는 글자가 통째로 '한' 이라는 소리를 나타낸다.

우리말에서 '물', '돌', '산' 처럼 한 글자가 뜻을 나타내기도 하고, '하늘', '어머니' 에서처럼 낱낱의 글자는 뜻을 나타내지 못하지만 두 글자 이상이 합쳐지면 뜻을 나타내기도 한다. 한자의 경우도 마찬가지이다. 대부분의 한자는 단독으로 뜻을 나타낸다. 그러나 '蟋蟀' (실솔 : 귀뚜라미), '輾轉' (전전 : 이리저리 뒤척이다) 처럼 두 글자 이상으로 된 소리여야만 하나의 뜻을 나타내기도 한다.

'天' (천)이라는 문자로 나타내는 소리가 '하늘' 을 뜻하는 것은 우리말 중의 한자어 '천' 이나 순 우리말인 '하늘' 이 하늘을 뜻하는 것과 같은 이치이다. 지구상의 모든 언어는 소리에 뜻이 결합되어 있는 것이고, 어떤 문자이건 글자는 이 소리를 나타내기 위해 마련되어 있다. 한자의 경우는 전부는 아니지만 뜻을 알거나 부분적으로 짐작할 수 있게 해주는 그림 같은 성분이 가미된 문자일 따름이라고 여기면 된다. 물론 전혀 그렇지 않은 경우도 많다. 이 그림(회화적) 성분은 무시해도 된다. 우리말처럼 어떤 소리가 어떤 뜻을 나타내느냐가 중요하다. 그렇기 때문에 문자를 배우든지 배우지 않든지 간에 모든 백성이 한 언어로 의사소통을 할 수 있는 것이다.

특히 千字文을 번역하거나 주석을 가한 책들을 보면 이러한 문자의 본질을 바르게 이해하지 못하고 한자를 매우 특별하고 어려운 것으로 여기는 사람들이 많은 것 같다. 당시 대부분의 중국 사람들이 이해할 수 있는 언어로 쓰여 졌다고 생각하면 된다. 우리라고 해서 어렵거나 신비한 것으로 여길 것이 없다. 그런데 실제로 번역된 책들을 보면 도대체 뭐가 뭔지 뒤죽박죽이다. 때로는 무슨 점괘 풀이 같다. 그러나 전혀 그렇지 않다.

작자가 천자문에 담은 뜻이 무엇이든 간에 대체로 8글자로 마디지을 수 있는 각 문장들은 당시의 중국인들에게 통해질 수 있었던 중국어의 규칙을 갖추고 있다. 따라서 그 언어 자체의 표현대로 이해하는 것이 우선하여야 한다. 후대 사람들이 이해에 어려움을 느끼는 경우는 기본적으로 우리 언어 체계와 달라서인 경우도 있지만, 그들의 언어가 어려워서가 아니라 전후 문맥이 상세하게 나타나 있지 않거나 어떠한 내용이 고도로 압축되어 표현되었기 때문이다. 내용의 깊이에 대한 이해의 정도는 학식의 차이에 따라 다를 수밖에 없다. 우리가 한문을 배울 때 유의해야 할 점은 당시 언어의 모습 그대로 배우고 번역하는 데서 시작하여야 한다는 점이다.

그래서 이 책에서는 천자문을 언어(고대중국어) 그 자체로 누구나 쉽게 읽을 수 있도록 풀이하는 데 역점을 두었다. 어떤 말을 얼른 이해하지 못하는 것은 그 말의 배경을 알지 못한 경우이다. 그러나 그 배경이 그 말이 될 수는 없다. 배경은 배경이고 말은 말이기 때문이다. 우리는 이 말을 중심으로 이해하여야 한다. 그 말의 배경과 숨어 있는 뜻은 그 다음이다. 말을 바르게 이해하지 못하면 배경과 숨은 뜻은 거짓말이 되기가 일쑤인데 사실 지금까지 나와 있는 번역본이 대부분 그러하다. 심지어 전문적인 주해서까지도 신비한 색채를 가미하여 어렵게 만들어버린 부분들이 적지 않게 보인다.

천자문은 네 글자를 한 문장으로 보아 무방한 경우도 있지만, 여덟 글자를 한 문장으로 보면 되는 경우가 많다. 여덟 글자를 하나의 주제 안에서 파악할 수 있게 되어 있다. 1천자를 한 글자도 중복하지 않고 말을 만들었기 때문에 하고 싶은 말을 충분하고 자세하게 표현하지 못한 것들이 많다. 아마도 이것 때문에도 후대의 사람들이 천자문을 더욱 신비하고 어려운 것으로 만들어버린 것 같다. 실은 그렇지 않다. 그 배경을 바르게 이해하면 충분하지 않은 대로 말

그 자체로 이해할 수 있다.

우리말과 한문(고대중국어)은 여러 가지로 다른 점이 많기 때문에 딱 맞는 어휘나 번역이 곤란한 경우도 많다. 그렇다고 해서 뒤죽박죽으로 해놓고 이래도 되고 저래도 되는 것처럼 설명할 수 있는 것은 아니다. 천자문도 언어이기 때문이다. 누구에게나 통할 수 있는 말(고대중국어)을 한자라는 문자를 통해서 우리가 보고 있을 뿐이라는 사실에 유의하여야 한다. 다행히도 우리말은 한문을 번역하는데 많은 이점이 있다.

이 책에서는 우리말의 이점을 최대한 이용하되 한자 1천자로 표현되고, 4글자 또는 8글자가 한 마디의 말을 이루는 고대중국어의 본래 의미와 구조를 최대한 존중하여 번역하였다. 번역만으로 이해가 부족할 것 같은 경우는 독자의 지식에 따라 보충할 수 있도록 번역문 밖에서 부가 설명을 하였다.

전문적인 연구서도 상당수 나와 있어서 언어 밖의 그 무엇을 연구하고자 하는 이들은 이 책들을 참고하면 된다. 주의할 점은 결코 신비한 것도 아니고 어떤 한 가지 사상을 전달하기 위한 책도 아니라는 사실이다. 8글자씩으로 된 125마디의 말이 자연현상에서 옛날의 정치, 수양의 덕목, 윤리 도덕, 군신관계와 영웅적 행위, 보신과 평온한 삶, 잡사와 경계할 일 등에 이르기까지 대체로 정연하게 배열되어 있다. 작자의 지혜가 돋보인다.

그러나 불필요한 현학적인 설명을 끌어들여 천자문을 필요 이상으로 미화하는 일 따위는 바람직하지 못한 것 같다. 언어 그 자체에 충실하게 번역이 된다면 나머지 이해는 독자의 몫이다.

천자문의 저자와 유래에 대해서도 말이 많다. 여러 종의 천자문 가운데서 가장 유명한 것은 중국 南朝時代(남조시대) 梁(양)나라 武帝(무제)〔재위 : 502~549〕 때 周興嗣(주흥사)가 지은〔535~545〕 것이다. 저자와 유래는 그다지 중요하지 않다. 천자문이 전하는 한문(고대중국어)을 바르게 이해하면 그만이다. 저자가 한 말의 깊이나 사상이 어떠한 것인가에 접근하는 일은 독자 개개인의 일일 뿐이다. 우선 상식적인 선에서 언어 그 자체를 바르게 이해하는 것이 급선무이다.

남녀노소 할 것 없이 천자문을 쉽게 읽을 수 있었으면 하는 조그마한 소망으로 이 책을 쓴다.

2015년 1월 **저자 씀**

차례

남녀노소 모두의 千字文 쉽게 읽기

머리말____4

001 天地玄黃 宇宙洪荒 천지현황 우주홍황____16

002 日月盈昃 辰宿列張 일월영측 진수열장____18

003 寒來暑往 秋收冬藏 한래서왕 추수동장____19

004 閏餘成歲 律呂調陽 윤여성세 율려조양____20

005 雲騰致雨 露結爲霜 운등치우 노결위상____22

006 金生麗水 玉出崑岡 금생여수 옥출곤강____24

007 劍號巨闕 珠稱夜光 검호거궐 주칭야광____26

008 果珍李柰 菜重芥薑 과진리내 채중개강____28

009 海鹹河淡 鱗潛羽翔 해함하담 인잠우상____30

010 龍師火帝 鳥官人皇 용사화제 조관인황____32

011 始制文字 乃服衣裳 시제문자 내복의상____34

012 推位讓國 有虞陶唐 추위양국 유우도당____36

013 弔民伐罪 周發殷湯 조민벌죄 주발은탕____38

014 坐朝問道 垂拱平章 좌조문도 수공평장____40

015 愛育黎首 臣伏戎羌 애육여수 신복융강____42

016 遐邇壹體 率賓歸王 하이일체 솔빈귀왕____44

千字文

017 鳴鳳在樹 白駒食場 명봉재수 백구식장 ___46
018 化被草木 賴及萬方 화피초목 뢰급만방 ___48
019 蓋此身髮 四大五常 개차신발 사대오상 ___50
020 恭惟鞠養 豈敢毁傷 공유국양 기감훼상 ___52
021 女慕貞烈 男效才良 여모정렬 남효재량 ___54
022 知過必改 得能莫忘 지과필개 득능막망 ___57
023 罔談彼短 靡恃己長 망담피단 미시기장 ___59
024 信使可覆 器欲難量 신사가복 기욕난량 ___61
025 墨悲絲染 詩讚羔羊 묵비사염 시찬고양 ___63
026 景行維賢 剋念作聖 경행유현 극념작성 ___65
027 德建名立 形端表正 덕건명립 형단표정 ___67
028 空谷傳聲 虛堂習聽 공곡전성 허당습청 ___69
029 禍因惡積 福緣善慶 화인악적 복연선경 ___70
030 尺璧非寶 寸陰是競 척벽비보 촌음시경 ___72
031 資父事君 曰嚴與敬 자부사군 왈엄여경 ___74
032 孝當竭力 忠則盡命 효당갈력 충즉진명 ___77
033 臨深履薄 夙興溫凊 임심리박 숙흥온청 ___79
034 似蘭斯馨 如松之盛 사란사형 여송지성 ___81
035 川流不息 淵澄取暎 천류불식 연징취영 ___84
036 容止若思 言辭安定 용지약사 언사안정 ___86
037 篤初誠美 愼終宜令 독초성미 신종의령 ___88
038 榮業所基 籍甚無竟 영업소기 적심무경 ___90
039 學優登仕 攝職從政 학우등사 섭직종정 ___93

040 存以甘棠 去而益詠 존이감당 거이익영 ____94
041 樂殊貴賤 禮別尊卑 악수귀천 예별존비 ____96
042 上和下睦 夫唱婦隨 상화하목 부창부수 ____98
043 外受傅訓 入奉母儀 외수부훈 입봉모의 ____100
044 諸姑伯叔 猶子比兒 제고백숙 유자비아 ____101
045 孔懷兄弟 同氣連枝 공회형제 동기연지 ____103
046 交友投分 切磨箴規 교우투분 절마잠규 ____105
047 仁慈隱惻 造次弗離 인자은측 조차불리 ____107
048 節義廉退 顚沛匪虧 절의렴퇴 전패비휴 ____109
049 性靜情逸 心動神疲 성정정일 심동신피 ____111
050 守眞志滿 逐物意移 수진지만 축물의이 ____112
051 堅持雅操 好爵自縻 견지아조 호작자미 ____114
052 都邑華夏 東西二京 도읍화하 동서이경 ____116
053 背邙面洛 浮渭據涇 배망면락 부위거경 ____118
054 宮殿盤鬱 樓觀飛驚 궁전반울 누관비경 ____120
055 圖寫禽獸 畵采仙靈 도사금수 화채선령 ____122
056 丙舍傍啓 甲帳對楹 병사방계 갑장대영 ____123
057 肆筵設席 鼓瑟吹笙 사연설석 고슬취생 ____125
058 陞階納陛 弁轉疑星 승계납폐 변전의성 ____127
059 右通廣內 左達承明 우통광내 좌달승명 ____129
060 旣集墳典 亦聚群英 기집분전 역취군영 ____130
061 杜稾鍾隸 漆書壁經 두고종예 칠서벽경 ____132
062 府羅將相 路夾槐卿 부라장상 노협괴경 ____134

063 户封八縣 家給千兵 호봉팔현 가급천병 ___ 136
064 高冠陪輦 驅轂振纓 고관배련 구곡진영 ___ 138
065 世祿侈富 車駕肥輕 세록치부 거가비경 ___ 140
066 策功茂實 勒碑刻銘 책공무실 늑비각명 ___ 142
067 磻溪伊尹 佐時阿衡 반계이윤 좌시아형 ___ 144
068 奄宅曲阜 微旦孰營 엄택곡부 미단숙영 ___ 146
069 桓公匡合 濟弱扶傾 환공광합 제약부경 ___ 149
070 綺回漢惠 說感武丁 기회한혜 열감무정 ___ 151
071 俊乂密勿 多士寔寧 준예밀물 다사식영 ___ 153
072 晉楚更霸 趙魏困橫 진초경패 조위곤횡 ___ 155
073 假途滅虢 踐土會盟 가도멸괵 천토회맹 ___ 157
074 何遵約法 韓弊煩刑 하준약법 한폐번형 ___ 159
075 起翦頗牧 用軍最精 기전파목 용군최정 ___ 161
076 宣威沙漠 馳譽丹青 선위사막 치예단청 ___ 163
077 九州禹跡 百郡秦并 구주우적 백군진병 ___ 165
078 嶽宗恒岱 禪主云亭 악종항대 선주운정 ___ 167
079 雁門紫塞 雞田赤城 안문자새 계전적성 ___ 169
080 昆池碣石 鉅野洞庭 곤지갈석 거야동정 ___ 171
081 曠遠緜邈 巖岫杳冥 광원면막 암수묘명 ___ 173
082 治本於農 務玆稼穡 치본어농 무자가색 ___ 175
083 俶載南畝 我藝黍稷 숙재남무 아예서직 ___ 177
084 稅熟貢新 勸賞黜陟 세숙공신 권상출척 ___ 178
085 孟軻敦素 史魚秉直 맹가돈소 사어병직 ___ 180

086 庶幾中庸 勞謙謹勅 서기중용 노겸근칙 ____ 182

087 聆音察理 鑑貌辨色 영음찰리 감모변색 ____ 184

088 貽厥嘉猷 勉其祇植 이궐가유 면기지식 ____ 186

089 省躬譏誡 寵增抗極 성궁기계 총증항극 ____ 188

090 殆辱近恥 林皐幸卽 태욕근치 임고행즉 ____ 190

091 兩疏見機 解組誰逼 양소견기 해조수핍 ____ 192

092 索居閑處 沈默寂寥 삭거한처 침묵적료 ____ 194

093 求古尋論 散慮逍遙 구고심론 산려소요 ____ 196

094 欣奏累遣 感謝歡招 흔주누견 척사환초 ____ 197

095 渠荷的歷 園莽抽條 거하적력 원망추조 ____ 199

096 枇杷晚翠 梧桐早凋 비파만취 오동조조 ____ 200

097 陳根委翳 落葉飄颻 진근위예 낙엽표요 ____ 201

098 遊鯤獨運 凌摩絳霄 유곤독운 능마강소 ____ 202

099 耽讀翫市 寓目囊箱 탐독완시 우목낭상 ____ 204

100 易輶攸畏 屬耳垣牆 이유유외 속이원장 ____ 206

101 具膳飡飯 適口充腸 구선찬반 적구충장 ____ 208

102 飽飫烹宰 饑厭糟糠 포염팽재 기어조강 ____ 209

103 親戚故舊 老少異糧 친척고구 노소이량 ____ 211

104 妾御績紡 侍巾帷房 첩어적방 시건유방 ____ 213

105 紈扇圓潔 銀燭煒煌 환선원결 은촉위황 ____ 215

106 晝眠夕寐 藍筍象牀 주면석매 남순상상 ____ 216

107 絃歌酒讌 接杯擧觴 현가주연 접배거상 ____ 217

108 矯手頓足 悅豫且康 교수돈족 열예차강 ____ 218

109 嫡後嗣續 祭祀蒸嘗 적후사속 제사증상____220

110 稽顙再拜 悚懼恐惶 계상재배 송구공황____222

111 牋牒簡要 顧答審詳 전첩간요 고답심상____224

112 骸垢想浴 執熱願涼 해구상욕 집열원량____226

113 驢騾犢特 駭躍超驤 여라독특 해약초양____228

114 誅斬賊盜 捕獲叛亡 주참적도 포획반망____229

115 布射僚丸 嵇琴阮嘯 포사요환 혜금완소____231

116 恬筆倫紙 鈞巧任釣 염필륜지 균교임조____234

117 釋紛利俗 竝皆佳妙 석분리속 병개가묘____236

118 毛施淑姿 工嚬姸笑 모시숙자 공빈연소____238

119 年矢每催 曦暉朗曜 연시매최 희휘랑요____240

120 璇璣懸斡 晦魄環照 선기현알 회백환조____241

121 指薪修祜 永綏吉劭 지신수호 영수길소____243

122 矩步引領 俯仰廊廟 구보인령 부앙랑묘____244

123 束帶矜莊 徘徊瞻眺 속대긍장 배회첨조____246

124 孤陋寡聞 愚蒙等誚 고루과문 우몽등초____248

125 謂語助者 焉哉乎也 위어조자 언재호야____250

남녀노소 모두의

천자문 쉽게 읽기

'千字文'은 1천자를 한 번씩만 사용하여 8글자마다 한 문장을 이루어 한 가지씩의 주제를 담고 있다. 4글자만으로도 충분히 말이 되는 경우가 대부분이다. '千字文'은 한문 이해의 기초가 되는 구조를 반복해서 익힐 수 있는 매우 좋은 한문 교과서일 뿐만 아니라, 자연현상, 옛 정치, 수양, 윤리도덕, 군신 관계와 영웅적 행위, 명철보신과 평온한 삶에 이르기까지 널리 이해할 수 있는 교양서이기도 하다.

압축적인 표현이 많아서 역사 배경을 알아야 내용이 이해되는 것도 있지만, 모두 고대중국어일 따름이므로 번역 자체는 어려울 것이 없다. 고대중국어 말 그 자체의 바른 번역에서 출발하여 간결하고 명쾌하게 해설함으로써 누구나 쉽게 익힐 수 있도록 했다.

001 天地玄黃 宇宙洪荒

음훈 : 음훈(音訓) = 음(발음)과 새김(뜻)

天(하늘 천) **地**(땅 지) **玄**(검을 현) **黃**(누를 황)
宇(공간 우) **宙**(시간 주) **洪**(넓을 홍) **荒**(거칠 황)

천지는 어둑하고(검고) 누렇다.
우주는 넓고 거칠다.

한 걸음 더

1. '玄'(현)을 보통 '검을 현'이라고 새겨왔지만 '白'(백)〔백, 하양〕 색에 대응되는 '黑'(흑)〔흑, 검정〕 색을 뜻하는 것이 아니라 다소 '어둑하다'(가무잡잡하다)는 뜻이다. 물론 이를 우리말로 '검다'라고 표현할 수는 있다. 다만 '어둑한' 색깔이나 관념을 나타낸다는 사실에 유의해야 한다. 색깔로는 누룽지 색깔을 생각하면 좋을 듯하다. 여기서는 '黃'(황)과 가깝다.

   천지가 막 개벽했을 때의 혼돈 상태를 염두에 두고 한 말인지, 우리 눈앞에 전개되는 천지를 두고 한 말인지는 우리가 생각하기 나름이다. 사실 우리 앞에 전개되는 천지는 밤이냐 낮이냐에 따라 다르다.

'天地'(천지)는 '하늘과 땅'으로 나누어 볼 수도 있다. 그래서 '天玄'과 '地黃'으로 나누어 생각해 볼 수도 있을 것이다.

2. '荒'(황)은 사람의 손이 닿지 않는 자연 상태를 형용하는 말이다. 이를 보통 우리말로 '거칠다'라는 말로 풀이한다.

여기에서 '宇'(우)는 '무한한 공간'을, '宙'(주)는 '무한한 시간〔때〕'을 뜻한다. 둘을 합쳐서 '宇宙'(우주)가 '세계'를 가리키게 되었다. '宇宙'가 '洪荒'(홍황)하다고 한 것은 물론 글쓴이의 상상 속의 생각이다.

'宇'(우)에는 '처마', '집'이라는 뜻도 있고, '宙'(주)에는 '동량(마룻대와 들보)', '집'이라는 뜻도 있다.

002 日月盈昃 辰宿列張

음훈

日(날 일) **月**(달 월) **盈**(찰 영) **昃**(기울 측)
辰(별 진) **宿**(별자리 수) **列**(벌일 열) **張**(펼칠 장)

해와 달은 차고 기운다.
별과 별자리는 벌이어 펼쳐져 있다.

한 걸음 더

1. '日月盈昃'(일월영측)은 해가 질 때는 서쪽으로 기울고, 달은 초승달 보름달 그믐달로 변하면서 차고 기우는 것을 싸잡아서 형용한 말이다.
2. '宿'(수)는 '별자리'를 뜻한다. 고대에 중국에서는 4방의 별자리를 각각 7개씩으로 나누어 '二十八宿'(이십팔 수)로 일컬었다. '宿'자를 '숙'으로 읽을 때는 '묵다(숙박하다, 오래되다), 편안하다, 지키다' 등의 뜻을 나타낸다.

   '辰宿列張'(진수열장)은 하늘의 별들이 홀로 또는 별자리별로 질서 있게 배열되어(벌이어) 펼쳐져 있음을 형용한 말이다.

003 寒來暑往 秋收冬藏

음훈

寒(찰 한) **來**(올 래) **暑**(더울 서) **往**(갈 왕)
秋(가을 추) **收**(거둘 수) **冬**(겨울 동) **藏**(저장할 장)

> 추위가 오고(오면) 더위가 간다.
> 가을에는 거두고 겨울에는 저장한다.

한 걸음 더

1. '寒'(한)자의 경우처럼, 대부분의 한자에는 한국의 '추위'〔명사〕, '춥다'〔형용사〕, '춥게(차게) 하다〔동사〕'와 같은 구별이 없다. '寒'자 하나에 이것들이 뭉쳐서 있다고 여기면 된다. 그래서 여기에서는 문맥을 한국어의 단어에 맞추어 '추위'라고 번역한다.
2. '收'(수)는 거두어들임, 즉 추수를 뜻하고, '藏'(감출 장, 저장할 장)은 잘 저장해 둠을 뜻한다.

004 閏餘成歲 律呂調陽

음훈

閏(윤달 윤) **餘**(남을 여) **成**(이룰 성) **歲**(해 세)
律(가락 율〔률〕) **呂**(음〔陰〕의 가락 려) **調**(고를 조) **陽**(양 양)

윤달이라는 남은 것이 한 해를 이룬다.
律 중의 呂(음의 가락)가 양(양의 가락)과 조화를 이룬다.

한 걸음 더

1. 음력으로 12달을 1년으로 삼으면 1년에 10일이 남는다. 이것을 3년간 모으면 1달(30일)이 된다. 그래서 4년마다 13달이 1년이 된다. 이 때 남은 한 달을 '閏'(윤)〔윤달〕이라고 한다. '閏餘成歲'(윤여성세)는 이렇게 해서 한 해가 13달로 이루어진 것을 설명한 말이다.
2. '律'(율, 률)은 넓은 의미로는 음악의 가락(=음률, =음조)을 뜻하며 좁은 의미로는 陽(양)에 속하는 음악의 6가지 가락을 뜻한다. '呂'(여, 려)는 음악의 가락 중에서 陰(음)에 속하는

6가지 가락을 뜻한다. '律呂調陽'(율려조양)은 음악 가락의 음양의 조화를 일컬은 말이다.

'調陽'은 '양(양에 속하는 6가지 가락)과 조화를 이룬다'를 뜻하므로 여기에서의 '律'은 넓은 의미의 가락, 즉 12가지 가락을 모두 가리킨다. 그래서 '律呂'(율려)는 '律(12 가락) 가운데의 呂(6가지 음의 가락, 음의 六律)'를 뜻한다. '律呂調陽'은 '(12)律 중의 呂(음의 6律)로 陽(양의 6律)을 고른다'라고 번역할 수도 있다. '陽'은 쉽게 말하면 '+'이오, '陰'은 '—'이다. '陽'은 '볕'으로 '陰'은 '그늘'로 번역해야 하는 경우도 있다.

'律'에는 '법, 법령'의 뜻도 있고, '呂'에는 '등뼈'의 뜻도 있다.

005 雲騰致雨 露結爲霜

음훈

雲(구름 운) **騰**(오를 등) **致**(이를 치) **雨**(비 우)
露(이슬 로〔노〕) **結**(맺힐 결) **爲**(될 위) **霜**(서리 상)

구름이 올라가 비를 이르게〔→오게, 내리게〕 하고, 이슬이 맺혀 서리가 된다.

한 걸음 더

1. '致'(치)는 '이르다, 이르게 하다(→오게 하다)〔여기에서는 결국 '내리게 하다'를 의미한다〕, '結'(결)은 '맺다, 맺히다', '爲'(위)는 '하다, 되다, 이다, 짓다, 만들다' 등으로 번역된다.

한문에서는 의미상 동사에 속하는 말에 자동 · 타동 · 수동(=피동)의 구별이 없다. 문맥에 따라 적합한 관계를 취하여 한국어에 맞는 번역을 하면 된다. 그래서 '入'(입)은 '들다', '들이다(들게 하다)'가 다 되고, '聞'(문)은 '듣다', '들리다'가 다 된다. 타동의 의미 중에는 '~하게 하다'(사동〔使動〕=사역)라는 의미도 포함된다.

예컨대, "夫仁者 己欲立而 立人, 己欲達而 達人."(부인자 기욕립이 입인, 기욕달이 달인)〔『論語(논어)·雍也(옹야)』〕는 "무릇 어질면〔또는 '어진 사람은'〕 자기가 서고자 하면 남(사람, 다른 사람)도 서게 하고, 자기가 이르고자(통달하고자) 하면 남도 이르게 한다."로 번역할 수 있다. '立'의 경우 앞의 것〔己欲立〕은 '서다'〔자동사 의미〕이고 뒤의 것〔立人〕은 '서게 하다'〔타동사 의미 중에서도 사동(사역)의 의미〕가 된다. '達'의 경우도 마찬가지로서 앞의 것{己欲達}은 '이르다, 도달하다, 통달하다, 달성하다' 등을 뜻하고 뒤의 것은 '이르게 하다, 도달하게 하다, 통달하게 하다, 달성하게 하다'〔達人〕 등을 뜻한다. '而'는 앞 말을 강조하는 어기조사〔語氣助詞〕이다. 따라서 여러 가지 문맥에 두루 쓰인다. 접속사로 볼 수 없다.

'어기'는 말의 '어조, 투, 어세, 느낌' 등을 아우르는 말이다. 실질적인 의미를 나타내지 않고 어떤 말에 부가되어 '어기'를 나타내는 단어를 '어기조사'라고 한다. 고대중국어인 한문에는 여러 가지 어기조사가 쓰인다. 문장의 끝이나 중간에 놓여 '판단, 의문, 감탄'을 나타내는 어기조사를 비롯하여, 말을 꺼낼 때 쓰는 어기조사, 문장의 여러 위치에서 강조의 역할을 하는 여러 가지 어기조사들이 있다.

2. 여기에서 '結'(맺히다)이 뜻하는 구체적인 문맥상의 의미는 '응결하다' 곧 '얼다'이다.

006 金生麗水 玉出崑岡

음훈

金(금 금) **生**(낳을 생) **麗**(땅 이름자 려〔여〕) **水**(땅이름자 수)
玉(구슬 옥) **出**(날 출) **崑**(산 이름자 곤) **岡**(산 이름자 강)

금은 여수에서 생기고(나고),
옥은 곤강에서 난다.

한 걸음 더

1. '金'(금)은 '금'을 뜻하는 외에 쇠붙이(금속)를 총칭하기도 한다.

'麗水'(여수)는 '금'이 난다고 하는 중국의 지명이다. '崑岡'(곤강)은 전설상 옥이 난다는 산 이름이다. '崑崙山'(곤륜산)이라 이른다. '岡'(강)자에 대해 우리는 보통 '메(산)'라고 새김을 붙여왔다. '산등성이, 산'을 뜻한다.

'麗(려, 여)'의 본뜻은 '곱다, 아름답다'이다. '水'의 본뜻은 '물'이다.

2. '生'(생)은 문맥에 따라 '나다, 낳다, 생기다' 등으로 번역하

고, '出'(출)은 '나다, 내다' 등으로 번역한다. 물론 '生'은 '삶, 산 것(사람 포함)', '살다' 등도 나타내며, '出'은 '나는 것(생산물)'도 나타낸다.

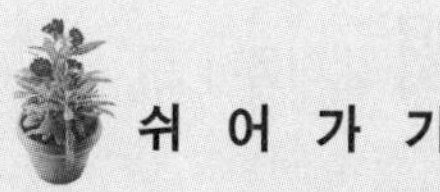

쉬 어 가 기

우리나라 한자음에는 기본적으로 두 가지 음으로 표기되는 한자들이 있다. 중국과 우리나라에 같은 소리가 있음에도 우리 말소리의 실현 방식 때문에 앞에 올 때와 뒤에 올 때 다르게 읽힌다. 본음이 'ㄴ'과 'ㄹ'로 시작되는 한자들이 그렇다. 이를 표준화한 약속을 '두음법칙(頭音法則)'이라고 한다.

그래서 '年'자의 경우처럼 'ㄴ'으로 시작되는 한자와 '麗'와 '老'처럼 'ㄹ'로 시작되는 한자는 다른 글자의 뒤에 오면 첫소리를 그대로 읽어 각각 '년', '려'로 표기한다. '今年'(금년)과 '華麗'(화려) 및 '父老'(부로)가 그 예이다. 그러나 맨 앞에 놓이면 'ㄴ'은 탈락되어 모음으로 시작되고, 'ㄹ'은 탈락되어 모음으로 시작되는 경우와 'ㄴ'으로 바뀌어 읽히는 경우로 나뉜다. '年齡'(연령)과 '麗水'(여수) 및 '老少'(노소)가 그 예이다. 이 책에서는 이 규칙에 맞추어 읽도록 표기했다.

007 劍號巨闕 珠稱夜光

음훈

劍(칼 검) **號**(부를 호) **巨**(칼 이름자 거) **闕**(칼 이름자 궐)
珠(구슬 주) **稱**(일컬을 칭) **夜**(구슬 이름자 야)
光(구슬 이름자 광)

> 검(칼)은 '거궐'이라 부르고,
> 구슬은 '야광'이라 일컫는다(부른다).

한 걸음 더

1. '巨闕'(거궐)은 옛날 월(越)나라의 구야자(歐冶子)가 만들었다는 보검(寶劍) 가운데 하나이다. '鉅闕'(거궐)이라고도 쓴다.

2. '巨'의 본뜻은 '크다'이다. '闕'의 본뜻은 '대궐'이다.

   '夜光'(야광)은 밤에도 빛을 낸다는 진주의 이름이다. 보통 '夜光珠'(야광주)라고 한다.

   '夜'의 본뜻은 '밤'이다. '光'의 본뜻은 '빛'이다.

3. '號'(호)는 '부르다'로, '稱'(칭)은 '일컫다'로 각각 대표 새

김을 달았는데, 서로 통하므로 결국은 다같이 '부르다'로 번역해도 무방하다. '謂'(위)〔이르다〕, '曰'(왈)〔말하다, ~라고 하다〕을 비롯하여 유사하게 쓰이는 단어들이 더 있다. 우리말의 '부르다', '~라고 하다'로 번역하면 통하는 경우가 많다.

008 果珍李柰 菜重芥薑

음훈

果(과실 과) 珍(보배로울 진) 李(오얏 리) 柰(능금나무 내)
菜(나물 채) 重(무거울 중) 芥(겨자 개) 薑(생강 강)

> 과일은 오얏〔자두〕과 능금〔사과〕이 보배롭고,
> 채소는 겨자와 생강이 귀중하다.

한 걸음 더

1. 한문에서는 '술어'와 '목적어'의 결합에 의해 나타내는 의미가 매우 다양하다. 동사성 어휘 뒤에는 '~에게'나 '~를(을)'로 번역되는 말만 오는 것이 아니라 각종의 의미 관계를 나타내는 말들이 다 놓인다.

   뿐만 아니라 형용사성 어휘도 '동사+목적어' 형식과 똑같이 '형용사+목적어' 형식을 취하는 경우들이 있다. '珍+李柰'(진 이내), '重+芥薑'(중 개강)이 그런 경우이다. 그래서 우리말로는 '李柰+珍'(이개 진), '芥薑+重'(개강 중)을 번역한 경우와 같게 된다. '多才'(재다)〔재주가 많다〕, '多

能’(다능)〔능력이 많다〕, ‘富馬’(부마)〔말이 풍부하다〕, ‘易老’(이로)〔늙기(가) 쉽다〕, ‘難成’(난성)〔이루기(가) 어렵다〕, ‘足食’(족식)〔먹기에 족하다〕, ‘可得’(가득)〔얻을 수 있다〕 등이 같은 예이다.

2. “果珍李柰 菜重芥薑”(과진이내 채중개강)을, 구두를 다르게 떼어서〔果珍+李柰, 菜重+芥薑〕 “과일의〔과일 중의〕 보배는 오얏과 능금이고, 채소의〔채소 중의〕 중한 것은 겨자와 생강이다.”라고 번역할 수도 있다.

009 海鹹河淡 鱗潛羽翔

음훈

海(바다 해) **鹹**(짤 함) **河**(강 하) **淡**(싱거울 담)
鱗(비늘 린〔인〕) **潛**(잠길 잠) **羽**(깃 우) **翔**(날 상)

바다〔→바닷물〕는 짜고 강〔→강물〕은 싱거우며, 비늘〔→비늘 있는 물고기〕은 잠기고 깃〔→깃이 있는 새〕은 난다.

한 걸음 더

1. '海'(해)는 '바다', '바닷물' 등을 가리킨다. '河'(하)는 '물 하'라고도 새기는데, 본시 '黃河'(황하)를 가리키는 고유명사였다가 일반 강을 가리키게 되었다. '江'(강)도 본시 '長江'(장강)〔= '揚子江'(양자강)〕을 가리키는 고유명사였다가 일반 강('물 강')을 가리키게 되었다.
2. '鱗'(린, 인)은 '비늘, 비늘 있는 것' 등을 나타낸다. 여기서는 '비늘 있는 것(비늘을 가진 것)' 즉 '물고기'를 가리킨다. 물속에서 살므로 '잠긴다'고 했다. '羽'(우)는 '깃, 깃이 있

는 것' 등을 나타낸다. 여기서는 '깃(날개)이 있는 것(깃을 가진 것)' 즉 '새(조류)'를 가리킨다.

쉬 어 가 기

한문에서는 단어와 단어의 결합이 나타내는 의미 관계를 보통 다섯 가지로 크게 나누어 파악한다. 연합(聯合), 수식(修飾), 술목(述目), 보충(補充), 주술(主述)이 그것이다.

문법을 다루는 사람에 따라 용어에 차이가 있기는 하나 내용은 비슷하다. 여기에 '관계'를 붙여 '~관계'라고 설명하기도 하고, '구조'를 붙여 '~ 구조'라고 설명하기도 한다. 단어와 단어의 결합은 크든 작든 구(句)라고 한다. 이렇게 말할 때는 '~구'라고 명명한다.

① 土石(토석 : 흙과 돌)은 연합관계, ② 大憂(대우 : 큰 근심, 크게 근심하다)는 수식관계, ③ 飮酒(음주 : 술을 마시다)는 술목관계, ④ 戰勝(전승 : 싸워 이기다)는 보충관계, ⑤ 年少(연소 : 나이가 적다)는 주술관계에 해당한다.

뒤에서 이들 '관계' 내지 '구조'의 예들을 하나씩 펼쳐 보이기로 한다.

010 龍師火帝 鳥官人皇

음훈

龍(용 용〔룡〕) **師**(우두머리 사) **火**(불 화) **帝**(임금 제)
鳥(새 조) **官**(벼슬 관) **人**(사람 인) **皇**(임금 황)

'龍'자 우두머리〔→ '龍'자를 관직의 수장 명칭에 쓴 관직〕와 화제(불 임금),
'鳥'자('鳥'자를 사용하여 이름 지은) 관직과 인황씨.

한 걸음 더

전설시대 중국 황제들의 정치를 예로 든 말이다.

1. 太昊 伏羲氏(태호 복희씨)는 우두머리 관직(오늘날의 장관 같은 관직을 생각하면 된다)의 명칭에 '龍'(용, 룡)자를 사용하였다고 전한다.

   炎帝 神農氏(염제 신농씨)는 불을 사용하는 법을 가르쳤다고 하여 '炎帝'라 하기도 하고〔천자문에서는 위의 원문에서처럼 '火帝'라고 일컬었다〕, 농사짓는 법을 가르쳤다고 하여 '神農氏'라고도 한다. 관직 이름에 '火'자를 사용했다고

한다.

2. 少昊氏(소호씨)는 '鳥'(조)자를 관직 이름(관직명)에 사용했다고 한다. 그가 왕위에 오르자 鳳凰(봉황)이 날아왔다는 전설이 있다. '黃帝'(황제)의 아들이라고 한다. '金天氏'(금천씨)라고도 불렀다.

人皇氏(인황씨)는 天皇 · 地皇 · 人皇으로 일컬어지는 태고시대 전설상의 임금 중의 하나이다.

011 始制文字 乃服衣裳

음훈

始(처음 시) **制**(지을 제) **文**(글자 문) **字**(글자 자)
乃(곧 내) **服**(옷 입을 복) **衣**(저고리 의) **裳**(치마 상)

처음 문자를 짓고,
곧 저고리(윗옷)와 치마(아래 옷)를 입었다.

한 걸음 더

1. 오늘날 글자를 '文字'(문자)라고 한다. 본시 '文'만으로 '무늬'를 가리키기도 하고, 처음 그려낸 문자, 곧 '글자'를 가리키기도 했다. '字'는 본시 '불어나다'는 뜻을 가지고 있는데 '文'들을 둘 이상 합쳐서 이룬 문자를 '字'라고 했다. '文字'는 곧 이 둘이 합쳐져서 이루어진 단어이다.

'文'은 '문자' 외에 '글(글월), 문장' 등을 뜻한다. 그래서 '글월 문'이라고 새김을 달아 왔었다.

2. '乃'(내)는 '곧', '이에' 등으로 쓰인다. 예를 들면, '人乃天'(인내천)은 '사람이 곧 하늘이다'가 된다.

'服'(복)은 '옷', '옷을 입다' 등을 뜻한다. '衣'(의)는 본시 웃옷(저고리)을, '裳'(상)은 본시 아래 옷(치마)을 뜻했다. 둘을 합쳐서 '衣裳'(의상)이 옷을 가리키게 된 것이다.

쉬 어 가 기

1 연합구〔연합관계〕 앞말과 뒷말의 관계가 나란한 경우이다.

土石(토석 : 흙과 돌)

仁義禮智(인의예지 : 인과 의와 예와 지, 어질고 의롭고 예의바르고 지혜롭다)

歌舞(가무 : 노래와 춤, 노래하고 춤추다)

朝三暮四(조삼모사)

아침은 셋이고 저녁은 넷이다. — 본시 '현능한 사람이 어리석은 사람을 우롱함'을 뜻한다.

작은 구(句)인 '朝+三'과 '暮+四'는 각각 주술구〔주술관계〕에 해당하고, 더 큰 구를 이룬 '朝三+暮四'는 연합구〔연합관계〕에 해당한다.

집에서 기르는 원숭이 떼의 먹이를 줄이고자 '朝三暮四'라고 했더니 원숭이들이 모두 화를 내기에 '朝四暮三'(아침은 넷이고 저녁은 셋이다)이라고 했더니 모두 좋아했다는 우화가 있다. 하루에 주고자 한 개수는 똑 같이 일곱이다.

012 推位讓國 有虞陶唐

음훈

推(밀 추) **位**(자리 위) **讓**(사양할 양) **國**(나라 국)
有(사람 이름자 유) **虞**(사람 이름자 우) **陶**(사람 이름자 도)
唐(사람 이름자 당)

(임금의) 자리를 미루고 나라를 선양한 것은 유우씨와 도당씨이다.

한 걸음 더

1. '推'(추)는 '밀다, 미루다, 옮기다'를 뜻한다. 즉 이 글에서는 다른 사람에게 '미루어 주다'를 의미한다. 음을 '퇴'라고 읽는 경우도 있다. '推移'는 '추이'라고 읽고, '推敲'는 '퇴고'라고 읽는다.

   '讓'(양)은 '사양하다, 양보하다'를 뜻하는데 여기서는 임금의 자리를 자식에게 물려주지(세습하지) 않고 어진 사람을 찾아 물려주는 것을 뜻한다. 이를 '禪讓'(선양)이라고 한다.

2. '有虞'(유우)씨는 '舜'(순)임금을 가리킨다. '虞'(우)는 그의

나라 이름인데, 그를 '有虞'(유우)씨라고 일컬었다. 자면 상으로는 '有'의 본뜻인 '있다, 가지다'를 나타내지 않은 것처럼 보이지만, 본시 '虞를 가진 사람(것)'을 뜻하여 결국 '舜'(순)을 가리키게 된 것이다. '虞'의 본뜻은 '헤아리다'이다.

나라 이름 외에도 이런 낱말들이 더러 있다. '有邦'(유방), '有政'(유정), '有家'(유가) 등이 그것인데 본시 '나라가 있음', '정치가 있음', '집이 있음'을 뜻했을 것이다. 이렇게 해서 결국 '나라', '정치', '가정'을 가리키게 된 것이다. 지금 사람들은 '有'의 뜻('있다')이 보이지 않는다고 하여 뜻 없는 '접두사' 정도로 여기는데 옳지 않다.

'國家'(국가)가 나라를 뜻하므로 '家'에는 뜻이 없다고 말하는 것과 비슷하다. 지금은 '家'에 '나라'라는 뜻이 없으나, 옛날에는 작은 '가정'에서 작은 '나라'에 상당하는 큰 가문(家門)까지를 뜻하였기에 나라를 뜻하는 이들 두 글자를 합쳐서 '國家'라는 단어가 만들어지고 이것이 나라를 가리키게 된 것이다.

3. '陶唐'(도당)씨는 '舜'(순)에게 임금 자리를 선양한 '堯'(요) 임금이다. 처음에 '堯'임금에 의해 '陶'라는 곳에 봉해졌다가 뒤에 '唐'이라는 곳에 나라를 세웠으므로 합쳐서 '陶唐'이라 일컬었다.

'陶'는 여기에서는 땅 이름이며, 본뜻은 '질그릇'이다. '唐'은 여기에서 땅 이름이며, 후대에는 나라 이름으로 쓰였다.

013 弔民伐罪 周發殷湯

음훈

弔(위문할 조) **民**(백성 민) **伐**(칠 벌) **罪**(죄 죄)
周(나라 이름 주) **發**(사람 이름자 발) **殷**(나라 이름 은)
湯(사람 이름자 탕)

백성을 위문(위로)하고 죄를 친 것(사람)은 주나라의 '발'과 은나라의 '탕'이다.

한 걸음 더

1. '弔'(조)는 '위문하다, 조상하다'를 뜻한다. '伐'(벌)은 '치다, 정벌하다'를 뜻한다.
2. '周'(주)는 文王(문왕)과 武王(무왕) 부자가 세운 나라이다. 은나라의 마지막 임금인 '紂'(주)가 학정을 일삼자 은을 쳐서 주를 세웠다. 성은 '姬'(희)씨이고 무왕의 이름은 '發'(발)이다. 즉 '姬發'(희발)이다.

'發'의 본뜻은 '피다, 터지다, 펴다' 등이다.

처음에 鎬京(호경)에 도읍을 정했다가 뒷날 洛陽(낙양)으

로 천도하였다.〔1122~249B.C.〕

'周'(주)는 '두루'라는 뜻을 갖는다.

'殷'(은)나라는 성씨가 '成'(성)이고 이름이 '湯'(탕)인 '成湯'이 夏(하)나라의 마지막 임금이자 폭군이었던 '桀'(걸)을 치고 세운 나라이다. 처음에 '商'(상)이라는 곳에 도읍을 정했다가 17대 '盤庚'(반경) 임금 때에 '殷'(은)이라는 곳으로 천도하였다. 그래서 '商'나라라고도 하고 '殷'나라라고도 한다.〔1766~1123B.C.〕

'湯'의 본뜻은 '끓다'이다.

3. 이 구절은 '發'(발)과 '湯'(탕)이 각각 폭군 '紂'(주)와 '桀'(걸)을 쳐서 도탄에 빠진 백성을 구하고 위문한 사실을 말하고 있다.

014 坐朝問道 垂拱平章

음훈

坐(앉을 좌) **朝**(조정 조) **問**(물을 문) **道**(길 도)
垂(드리울 수) **拱**(두 손 마주잡을 공) **平**(고를 평)
章(밝게 드러날 장)

조정에 앉아서 〔다스리는〕 길을 묻고
〔옷을〕 드리우고 두 손을 마주잡고 있어도
〔백성을 다스리는 일이〕 고르고(화평하고) 밝게 드러난다.

한 걸음 더

1. '朝'(조)자에는 '아침'의 뜻도 있다.

'道'(도)는 문자 그대로 '길'이다. 그래서 문맥에 따라 '도리, 이치, 방법' 등을 나타낸다.

'垂'(수)는 팔을 편하게 드리우고 있는 동작을, '拱'(공)은 공손하게 두 손을 앞에 마주잡고 있는 동작을 뜻한다. 그래서 '垂拱'(수공)은 '특별히 무슨 일을 하지 않음'(그래도 공평무사하게 다스려짐)을 나타낸다.

'章'(장)은 '드러나다, 밝다'는 뜻이다. '문장, 글, 법규'의 뜻도 있다.

2. 이 구절은 현명하고 능력 있는 군주는 조정에서 팔짱을 끼고 신하들에게 다스리는 길(방법, 도리)만 묻고 있어도 공평하고 밝게(분명하게, 드러나게) 다스려짐을 말하고 있다.

015 愛育黎首 臣伏戎羌

음훈

愛(아낄 애) **育**(기를 육) **黎**(검을 려) **首**(머리 수)
臣(신하 신) **伏**(엎드릴 복) **戎**(종족 이름 융) **羌**(종족 이름 강)

백성〔←검은 머리, 검은 머리를 한 사람들〕을 아껴 기르니,
융족과 강족도 신하처럼 엎드리게〔복종하게〕 한다.

한 걸음 더

1. '愛'(애)는 '아끼다, 사랑하다'는 뜻이다. '黎'(려, 여)는 '검다'는 뜻이다. 새벽을 '黎明'(여명)이라고 할 때의 '黎'도 그렇다. 일반 백성들은 벼슬이 없어서 모자를 쓰지 않으니 검은 머리가 드러나 보이므로 '黎首'(여수)〔검은 머리〕라고 하여 일반 백성들을 지칭했다. 일반 백성을 가리키는 말에는 '人民(인민), 庶人(서인), 庶民(서민)' 등이 있었다.
2. 옛날 중국에서 중원을 차지한 중심 민족을 '華'(화), '夏'

(하), ‘華夏’(화하) 등으로 일컬었다. 오늘날은 ‘中華’(중화)라는 말을 많이 쓴다. 이민족에 대해서는 방위별로 ‘夷(이)〔동방〕, 戎(융)〔서방〕, 蠻(만)〔남방〕, 狄(적)〔북방〕’이라 하였다. 방위를 붙여 말하면 ‘東夷(동이), 西戎(서융), 南蠻(남만), 北狄(북적)’이 된다. 한반도에 사는 우리 민족을 ‘東夷’(동이)라 한 것도 같은 방식의 표현법이다. ‘夷, 戎, 蠻, 狄’을 우리는 ‘오랑캐’니 ‘되’니 하고 새겨왔다.

3. ‘伏’(복)은 ‘엎드리다, 엎드리게 하다’로서 ‘복종하다, 복종하게하다’라는 문맥을 구성한다. 백성을 사랑하여 정치를 잘하므로 이민족들도 감화되어 자기 백성들과 마찬가지로 스스로 복종함을 말한 것이다.

‘臣伏戎羌’(신복융강)은 ‘신하처럼 융(융족)과 강(강족)도 엎드린다(복종한다)’라고 번역해도 된다.

016 遐邇壹體 率賓歸王

음훈

遐(멀 하) **邇**(가까울 이) **壹**(하나 일) **體**(몸 체)
率(따를 솔) **賓**(순종할 빈) **歸**(귀의할 귀) **王**(임금 왕)

> 먼 곳과 가까운 곳이 한 몸이 되어,
> 따라 순종하며 임금에게 귀의하였다.

한 걸음 더

1. 성군(聖君)의 덕치에 감응하여 내외가 일체가 됨을 말하고 있다. 멀리는 이민족이 있고 가까이는 제후들이 있다. 여기에서 '率'(솔)은 '따르다(거느려지다), 복종하다'는 뜻을 갖는다. '賓'(빈)도 '순종하다, 귀의하여 복종하다'는 뜻을 갖는다. 그래서 '率賓'(솔빈)은 '따라 순종함'을 나타낸다. '歸'(귀)는 '돌아오다, 돌아가다'를 뜻하여 '歸王'(귀왕)은 '임금에게로 돌아감' 즉 '임금에게 귀의함'을 나타낸다.

2. '率'(솔)이 문맥상 능동을 나타내는 경우는 '거느리다'로 번역한다. 한문에서는 의미상의 동사로 쓰이는 단어에 능동과

수동(피동)의 구별이 없다. 즉, '거느리다', '거느려지다'를 '率' 하나로 나타낸다. 그러므로 '따르다'는 곧 '거느려지다'와 같은 의미이다.

'率'(솔)에는 '경솔하다'는 뜻도 있다. '비율'을 뜻할 때는 '율(률)'이라고 읽는다.〔예: 比率〕

'賓'(빈)에는 본시 '손(손님), 객'의 뜻이 있다.

017 鳴鳳在樹 白駒食場

음훈

鳴(울 명) **鳳**(봉황새 봉) **在**(있을 재) **樹**(나무 수)
白(흰 백) **駒**(망아지 구) **食**(먹을 식) **場**(마당 장)

우는 봉황이 나무에 있고,
흰 망아지가 마당에서 먹이를 먹는다.

한 걸음 더

1. '鳳凰'(봉황)은 상서로운 새이다. 옛날 봉황이 나타나면 聖人(성인)이나 賢人(현인)이 나온다고 하였다. '鳴鳳在樹'(명봉재수)는 성군(聖君)이 나타나 태평성세를 누렸음을 나타낸다.

2. '白駒'(백구)는 성군의 신하가 타고 온 망아지이다. 임금의 텃밭이 있는 뜰(마당)에서 풀을 뜯고 있음을 말한 것으로서 현능한 신하들이 성군에게 모여들어 임금을 도움으로써 덕치(德治)를 베풂을 나타낸다.

'食'(식)은 '먹다', '밥, 먹이' 등을 뜻한다.

3. ‘食+場’은 ‘술어+목적어’의 결합이다. 우리는 ‘목적어’라고 하면 영어에 있는 두 가지 목적어, 즉 한국어로 ‘~을(를)’을 붙여서 번역하는 말과 ‘~에게’를 붙여서 번역하는 말만을 생각하기가 쉽다. 영문법의 영향이 커서 한국어에서조차 여러 토씨(조사) 중에서도 이들 토씨가 붙은 말을 목적어라고 부른다.

그러나 한문법에서는 다르다. 목적어의 자리에 놓이는 말은 우리말에서 ‘~을(를)’을 써서 나타내는 직접대상과 ‘~에게’를 써서 나타내는 간접대상만 있는 것이 아니다. 물론 우리말에서와 같은 토씨도 없다. 한문에서 목적어가 되는 말은 술어의 의미에 따라 이들 두 가지를 포함하여 장소 · 시간 · 목적 · 이유 · 방법 · 도구 · 비교 · 관계 · 행위의 주체 등 다양한 의미를 나타낸다. 그래서 목적어의 범위가 매우 넓다.

여기에서의 ‘場’은 ‘食’의 장소를 나타내는 예이다.

‘殉國’(순국), ‘飯稻’(반도), ‘拘禮’(구례) 등도 모두 ‘술어+목적어’의 결합인데, 차례로 ‘나라를 위해서 죽다’, ‘쌀로 밥을 짓다’, ‘예에 속박을 당하다’로 번역된다. 술어와 목적어의 결합이 나타내는 의미 관계의 다양성을 확인할 수 있게 해 준다.

018 化被草木 賴及萬方

음훈

化(교화 화) **被**(입힐 피) **草**(풀 초) **木**(나무 목)
賴(힘입을 뢰) **及**(미칠 급) **萬**(일만 만) **方**(곳 방)

교화가 초목에 입혀지고,
힘입음이 만방에 미친다.

한 걸음 더

1. '化'는 '되다'를 뜻하는 여러 가지 문맥에 쓰인다. 그래서 '교화(되다)', '변화(되다), 조화(되다)' 등을 나타낸다. 이 글에서는 明君(명군)의 '교화' 즉 '德化'(덕화)를 뜻한다.

   '被'(피)는 '입다'·'입히다(→미치다)'·'입혀지다'의 구별이 없다. 다른 동사성 낱말들도 다 그렇다. 우리말에 맞는 번역을 취하면 된다. '입는(받는, 당하는)' 내용은 사물과 행위 등이 모두 될 수 있다.

2. '賴'(뢰)는 명군에게 힘입음(의지함)을 나타내니, '賴及萬方'(뢰급만방)은 임금의 恩典(은전)이 방방곡곡에 미침을 말

한 것이다. '賴'에는 '넉넉하다'는 뜻도 있다.

'方'(방)이 '모(모지다, 모나다)'를 뜻할 때는 '圓'(원)의 '원(둥글다)'에 대응된다. '方'에는 '곳, 방향, 바야흐로' 등의 뜻이 있으며 여기에서는 '곳'을 뜻한다.

쉬 어 가 기

2 수식구〔수식관계〕 앞말은 뒷말을 꾸미는 종속 성분이고 뒷말은 앞말의 꾸밈을 받는 중심 성분인 관계이다.

大憂(대우 : 큰 근심, 크게 근심하다)

吾家(오가 : 나의 집, 우리 집)

不知(부지 : 알지 못하다) ― '不'은 보통 부사로서 부정 수식하는 단어라고 여기고 있다.〔←아니 알다, 못 알다〕

大破(대파 : 크게 부수다〔부서지다〕)

兼愛(겸애 : 겸하여 사랑하다)

尤甚(우심 : 더욱 심하다)

糟糠之妻(조강지처)

술지게미와 겨의〔술지게미와 겨를 먹고 살면서 함께 고생한〕아내 ― 본시 '고생을 함께 한 아내'를 뜻한다.

'糟 + 糠'(술지게미와 겨)은 연합구〔연합관계〕이고 '糟糠'은 다시 '妻'(아내)와 결합함으로써 '糟糠 + 妻'는 수식구〔수식관계〕를 이룬다. '之'는 앞 말을 강조하는 조사이다.

019 蓋此身髮 四大五常

음훈

蓋(대저 개) **此**(이 차) **身**(몸 신) **髮**(털〔터럭〕 발)
四(넷 사) **大**(큰 대) **五**(다섯 오) **常**(일정할 상)

대저 이 몸과 털은〔→우리의 신체는〕 네 가지가 크고 다섯 가지가 일정하다(변함없다).

한 걸음 더

1. '蓋'(개)에는 '덮다(덮어 가리다), 덮개', '아마도, 대개', '대저, 무릇' 등의 뜻이 있다. 여기에서는 '대저(무릇)'으로 번역할 수 있는 조사(助詞)로 쓰였다. 무슨 말을 꺼내고자 할 때 개괄하거나 상대방의 주의를 환기시키는 역할을 한다. 우리말의 '에-', '그러니까' 등과 같이 어떤 말을 하기 전에 뜸들일 때 허두로 쓰는 말을 생각하면 이해가 쉽다.
2. '身'(몸)과 '髮'(털)로 우리 몸(일신)을 가리켰다.

인간에게 큰 것인 4가지에 대해서는, 불가(佛家)의 '地·水·火·風'(지·수·화·풍)이 있고, 도가(道家)의 '道·

天·地·王'이 있으며, 유가(儒家)의 '天·地·君·親' 등이 있다. 여기에서는 불교에서 말하는 우리 몸의 구성 요소인 '地(땅, 흙)·水(물)·火(불)·風(바람)'을 가리키는 것 같다.

변함이 없이 항상성을 지니는 5가지는 '仁·義·禮·智·信'(인·의·예·지·신)이다. 인간 행위의 근본 덕목이다.

020 恭惟鞠養 豈敢毁傷

음훈

恭(공손할 공) **惟**(생각할 유) **鞠**(기를 국) **養**(기를 양)
豈(어찌 기) **敢**(감히 할 감) **毁**(헐 훼) **傷**(다칠 상)

기르고 기르심을 공손히 생각하면,
어찌 〔이 몸을〕 감히 헐거나 다치게 하겠는가?

한 걸음 더

1. '惟'(유)는 '생각하다'는 뜻이다. 음이 같아서 '唯'(유)〔오직〕와 '維'(유)〔벼리〕자와 넘나들며 쓰이기도 한다.

   '豈'(기)는 반문(=반어)의 문장에 쓰이는 일종의 부사이다.

   '敢'(감)은 '과감하다, 감히 하다'를 뜻하여 뒷말을 받아서 '감히 ~하다' 등으로 번역된다.

   '毁'(훼)는 '헐다(허물다, 망가뜨리다)'를 뜻한다. 쓰임예 : 毁損(훼손).

2. 이 글은 부모님이 정성껏 길러주신 것을 생각하여 몸을 다치

게 하지 않는 것이 효도의 시작임을 말하고 있다. 孝經(효경)에서 "身體髮膚 受之父母 不敢毁傷 孝之始也."(신체발부 수지부모 불감해상 효지시야)〔몸의 털과 살갗은 그것을 부모로부터 받았으므로 감히 헐거나 다치게 하지 않는 것이 효도의 시작이다〕라고 한 말과 통한다.

021 女慕貞烈 男效才良

음훈

女(여자 여〔녀〕) **慕**(흠모할 모) **貞**(곧을 정) **烈**(매울 렬〔열〕)
男(남자 남) **效**(본받을 효) **才**(재능 있을 재) **良**(어질 량〔양〕)

여자는 곧고 매움을 흠모하고,
남자는 재능 있음(재능)과 어짊을 본받는 것이다.

한 걸음 더

1. 예전에는 '女'(여, 녀)를 '계집', '男'(남)을 '사내'로 번역해 왔다. 지금은 '여자'와 '남자'로 번역하는 것을 더 자연스럽게 여긴다.

   '貞'(정)은 '곧다', '烈'(렬, 열)은 '맵다, 맹렬하다'를 뜻한다. '貞烈'(정렬)은 흔히 여자의 덕목을 나타내는 데 사용하였다. '才'(재)는 '재주, 재능, 재능 있음'이고 '良'(량, 양)은 '어질다, 뛰어나다, 좋다, 아름답다' 등으로 번역된다. 남자가 지녀야 할 덕목이다.

2. 한문에서는 평서문 형식과 명령문 형식이 따로 있지 않다. 그래서 "여자는 곧고 매움을 흠모하고, 남자는 재능과 어짊을 본받는 것이다."라고 번역해도 되고 "여자는 곧고 매움을 흠모해야 하고, 남자는 재능과 어짊을 본받아야 한다."고 번역해도 된다. 그러나 우리말로도 중립적으로 표현하여 명령을 나타낼 수 있듯이 말이 될 때는 중립적(평서문 식)으로 번역하는 것이 좋다. "방 안에서는 담배를 피우지 말라."라고 할 것을 "방 안에서는 담배를 피울 것이 없다."라고 말을 해도 금지의 명령이 전달되며 더 공손한 표현이 되는데, 한문에서는 이렇게 중립적으로 표현해서 공손함을 나타낼 수 있는 것이 특징이다. 명령(금지 포함)의 의미가 있는지의 여부는 문맥으로 살피면 된다.

다른 예를 들어 보자. "非禮勿視 非禮勿聽 非禮勿言 非禮勿動"(비례물시 비례물청 비례물언 비례물동)을 흔히 '~이 아니면 ~하지 말라'라고 번역하고 있는데, 한문의 표현법과는 맞지 않다. '~이 아니면 ~함(하는 일)이 없는 것이다'라고 함으로써 '~함이 없으라'(→ ~하지 말라)는 뜻이 전달된다. 그러므로 "예가 아니면 볼 것이 없고, 예가 아니면 들을 것이 없으며, 예가 아니면 말할 것이 없고, 예가 아니면 행동에 옮길 것이 없다."라고 번역하는 것이 좋다. '勿'은 '금지'의 부사가 아니라 '無'와 마찬가지로 '없다'는 뜻을 갖는 동사이다. 문맥이 '없으라(→말라)'를 나타내 줄 따름이다. 따라서 '없는 것이다'로 번역해도 '없으라'는 의미는 전달된다. 정말 어색하면 '~하지 말라'라고 번역하지 않고 '없으라'(없어야 한다) 정도로 번역하는 것이 한문을 바르게 이해하는 길이다.

022 知過必改 得能莫忘

음훈

知(알 지) **過**(허물〔지나칠〕 과) **必**(반드시 필) **改**(고칠 개)
得(얻을〔이룰〕 득) **能**(잘할 능) **莫**(없을 막) **忘**(잊을 망)

허물(지나쳤음)을 알았으면 반드시 고치고, 얻고 잘하게 되었으면 잊는 일이 없는 것이다〔→없어야 한다〕.

한 걸음 더

1. '過'(과)는 '지나는' 모든 것을 나타낸다. 그래서 행동이 '지나친'(잘못하는) 것이 곧 허물이요 잘못(과실)이다. 공간적으로 '지나는' 것은 '건너는' 것이 된다. 시간적으로 '지난' 것은 '과거'가 된다.

   '得'(득)은 '얻다, 이루다, 달성하다'를 뜻하므로, 뒷말이 행위를 나타내는 말이 오면 그것을 '이루다'가 되므로 '~할 수 있다'고 의역하기도 한다.

   '能'(능)은 본시 '잘하다'는 뜻이므로 '할 수 있다', '잘

하는 것, 능력, 가능' 등을 나타낸다.

2. '莫'(막)도 앞글의 '勿'(물)처럼 항상 동사로 여기면 된다. '없다'도 되고 '말라'도 되는 것이 아니다. 문맥이 '없으라→없어야 한다'여서 결국 '~하지 말라'로 번역해도 통하는 것이지, 금지의 부사이기 때문에 그런 것은 아니다. 어느 경우이건 '없다'로 여기고 문맥을 살펴서 '없다'인가, '없으라←없는 것이다'인가를 알면 된다. '無'(무)와 뜻이 통하는 낱말들은 모두 그렇다. 금지의 문맥에는 '勿'(물)·'莫'(막)·'毋(무)'가 자주 쓰인다.

023 罔談彼短 靡恃己長

음훈

罔(없을 망) **談**(말할 담) **彼**(저 피) **短**(짧을 단)
靡(없을〔아닐〕 미) **恃**(믿을 시) **己**(자기 기) **長**(길 장)

저〔그, 남〕의 짧음(단점)을 말하는 일이 없고, 자기의 긺(장점)을 믿는 일이 없는 것이다(→없어야 한다, 없으라).

한 걸음 더

1. '罔'(망)과 '靡'(미)도 '無'(무) · '勿'(물) · '莫'(막) · '毋'(무)처럼 '없다'는 뜻을 갖는다. 문맥이 금지이므로 이를 분명하게 하고자 '~하지 말라'라는 번역을 취하는데, 굳이 그럴 필요가 없다.

'靡'(미)는 '아니다'로 번역할 수도 있으므로 이때는 '자기의 장점을 믿는 것이 아니다'라고 하면 된다. '恃'(시)는 '믿다, 믿고 의지하다'를 뜻한다.

2. '彼'(저)는 '저'(저 사람), '그'(그 사람)로 번역하면 된다. 다

른 사람을 가리킨다. 사람 이외의 것도 가리킨다. 보통 '此'(차)〔'이'〕와 짝을 이룬다.

3. '長'(장)은 '길다'를 뜻하므로 모든 긴 것을 나타낼 수 있다. 능력에서 '긴' 것은 '장점', '잘하는 것'이 되는 것이다. '短'(단)〔짧다, 단점〕은 그 반대이다.

024 信使可覆 器欲難量

음훈

信(믿을 신) **使**(시킬 사) **可**(될 가) **覆**(실행할 복)
器(그릇 기) **欲**(바랄 욕) **難**(어려울 난) **量**(헤아릴 량)

믿음은 실행할 수 있게 하고,
그릇(도량)은 헤아리기 어렵기를 바라는 것이다(→ 바라야 한다).

한 걸음 더

1. '覆'(복)은 '덮다', '되돌리다'를 뜻하므로 여기에서는 '실천에 옮기다' 즉 '복명하다'를 나타낸다. '使'(사)는 '시키다, (시켜서) ~하게 하다'를 뜻한다. '可'(가)는 '옳다, 되다, 좋다, 할 수 있다'를 뜻한다. '可覆'(가복)은 '실행할 수 있다'는 뜻이다.

   '信使可覆'(신사가복)은 신뢰(믿음)가 깊으면 남으로 하여금 자기가 원하는 것을 실천하게 할 수가 있음을 말하고 있다. 모름지기 사람에 대한 믿음의 중요성을 강조한 말이다.

2. ‘器’(기)〔그릇〕는 사람의 ‘도량’을 비유하는 데 쓰인다. ‘欲’(욕)은 ‘바라다, 하고자 하다, 원하다’는 뜻이다. ‘器欲難量’(기욕난량)은 도량에 있어서는 다른 사람이 헤아릴 수 없을 정도로 크게 넓혀야 함을 말한 것이다.

쉬 어 가 기

❸ 술목구〔술목관계〕 술어(서술어)에 목적어가 따르는 관계이다. 한문에서 술어와 목적어의 결합이 나타내는 의미 관계는 매우 다양하다. 아래에 든 예들은 자주 보이는 일부일 뿐이다.

飮酒(음주 : 술을 마시다)

見物(견물 : 사물을 보다)

無人(무인 : 사람이 없다)

爲師(위사 : 스승이 되다)

似君子(사군자 : 군자와 비슷하다)

願學(원학 : 배우기를 원하다)

得天下英才(득천하영재)

천하의 영재를 얻다. — ‘天下 + 英才’(천하의 영재)는 수식구〔수식관계〕이고, ‘得’은 다시 ‘天下英才’와 결합하여 ‘得 + 天下英才’라는 술목구〔술목관계〕를 이루었다.

025 墨悲絲染 詩讚羔羊

음훈

墨(사람 이름자 묵) **悲**(슬퍼할 비) **絲**(실 사) **染**(물들 염)
詩(시 시) **讚**(찬양할 찬) **羔**(염소 고) **羊**(염소 양)

묵씨(墨子)는 실이 물들여 지는 것을 슬퍼하였고, 시(詩經)에서는 작은 염소를 찬양하였다.

한 걸음 더

1. 여기에서 '墨'(묵)은 墨子(묵자)를 가리킨다. 성이 '墨'이고 이름은 '翟'(적)이다. 兼愛說(겸애설)을 주장한 사람이다. 실이 여러 색으로 염색되는 것을 보고 사람의 선악도 그처럼 오염될까를 슬퍼했다고 한다. 오염되지 않도록 노력해야 함을 일깨우는 말이다.

   '墨'은 여기에서 '검다'는 뜻으로 쓰이지 않았다.

2. 중국 고대의 시집인 『詩經』(시경)의 '召南'(소남)편에 '羔羊'이라는 시가 있는데, 주나라 文王(문왕) 때의 卿(경)과 大夫(대부)의 품덕이 고결함을 비유한 시라고 한다. '羔'(고)와

‘羊’(양)을 구별할 때는 ‘羔’는 작은 염소, 곧 새끼 염소를 가리키고, ‘羊’은 큰 염소를 가리킨다. 여기에서의 ‘羔羊’은 작은 염소를 뜻하며, 이것의 털이 희고 깨끗하여 고관들이 이것으로 가죽옷을 만들어 입었다고 전한다.

『詩經』은 본래 『詩』라고 불렀다. 宋(송)나라 때 朱熹(주희)에서부터 『詩經』이라 일컬었다. 『시경』은 시집이며 여기에 수록된 시는 본래 노래 가사이다.

026 景行維賢 剋念作聖

음훈

景(클 경) **行**(행할 행) **維**(생각할 유) **賢**(어질 현)
剋(이길 극) **念**(생각 념) **作**(될 작) **聖**(성인 성)

큰 행동〔→덕행〕은 어진 이를 생각할 것이며, 생각을 이겨내면 성인이 된다.

한 걸음 더

1. '景'(경)에는 '크다, 고상하다'는 뜻 외에도, '볕', '경치' 등의 뜻이 있다.

   '行'(행)은 '다니다(가다)', '행하다, 행동' 등을 뜻한다. '行'은 '항렬'(行列)을 뜻할 때는 '항'으로 읽는다.

   '維'(유)에는 '바(굵은 줄)'〔→도덕의 기초가 되는 것을 비유함〕, '매다(얽다)' 등의 뜻이 있다. '惟' 대신으로 쓰이면 '생각하다'를, '唯' 대신으로 쓰이면 '오직'을 뜻한다. 여기에서는 '생각하다'를 뜻한다. '景行維賢'(경행유현)은 큰(고상한) 행동, 즉 덕행은 '어진 이'를 생각해서 본받으라는 뜻이다.

'賢'(현)은 '어질다(현능하다), 어진 이(현인)' 등을 뜻한다.

2. '剋'(극)은 '克'(극)과 통한다. '이기다, 이겨내다'라는 뜻이다.

'念'(념)은 문맥상 사사로운 생각을 가리킨다. '剋念'(극념)은 이러한 생각을 이겨내어 물리치는 것이다.

'作'(작)은 문맥에 따라 '되다', '만들다', '짓다', '하다' 등으로 번역할 수 있다. '聖'(성)은 '성스럽다, 성인, 성스러운 것' 등을 뜻한다.

'作聖'(작성)은 '성인이 되다, 성인을 만들다'가 된다.

027 德建名立 形端表正

음훈

德(덕 덕) **建**(세울 건) **名**(이름 명) **立**(설 립)
形(모양 형) **端**(단정할 단) **表**(겉 표) **正**(바를 정)

덕이 세워지고 이름이 서며,
모양(형상)이 단정하고 겉이 바르다.

한 걸음 더

1. '德'(덕)은 '悳'(덕)으로도 쓴다. '덕'은 바로 '곧고 착함'을 뜻한다. '곧고 착한' 것은 '큰' 것이다. 그래서 보통 '큰 덕, 덕 덕'으로 새겨왔다.

'立' 처럼 한자의 독음을 '입〔立場〕, 립〔起立〕' 두 가지로 표기하는 것은 우리말의 두음 법칙에 따른 것이다. '年'을 '연〔年度〕, 년〔青年〕', '女'를 '여〔女子〕, 녀〔舞女〕', '藍'은 '남〔藍色〕, 람〔青藍〕' 등과 같이 읽고 표기하는 것도 마찬가지이다.

2. '形'(형)은 '모양, 모습, 형상'이니 결국 '表'(표)가 뜻하는

'것, 외양'과 통한다. '端'(단)도 '단정하다, 곧다, 바르다'를 뜻하니, '正'(정)과 마찬가지로 결국 다 '바르다'는 뜻이다. 그러므로 '形端表正'은 '모양이 단정하고(바르고) 겉이 바르다'는 뜻이다. '形表端正'(형표단정)〔바깥 모습(←모양과 겉)이 바르고 단정하다〕이라고 표현할 수도 있다. 한문에서 '形端'과 '表正' 간의 문맥 관계를 나타내는 접속어는 필요조건이 아니다. 그래서 문맥에 의한다. '모양(형상)이 단정하면 겉이(겉도) 바르다'로 보는 것은 문맥상 다소 어색하다.

'形端表正'과 '形表端正'처럼 두 형식이 의미상 결과적으로 상통하는 예가 적지 않다. '國泰民安'(국태민안)〔나라가 태평하고 백성이 편안하다〕을 '國民泰安'(국민태안)〔나라와 백성이 태평하고 편안하다〕으로 바꾸어 말할 수 있는 것도 같은 이치이다.

'國恥民辱'(국치민욕)은 '나라의 수치와 백성의 욕됨'을 뜻하여 역시 '國民恥辱'(국민치욕)〔나라와 백성의 수치와 욕됨〕이라고 표현할 수 있다.

028 空谷傳聲 虛堂習聽

음훈

空(빌 공) **谷**(골 곡) **傳**(전할 전) **聲**(소리 성)
虛(빌 허) **堂**(집 당) **習**(쉬울 습) **聽**(들을 청)

빈 골(골짜기)은 소리를 전하고,
빈 집은 듣기를 쉽도록 한다〔듣기가 쉽다 → 잘 들린다〕.

한 걸음 더

골짜기와 빈 집에서 소리가 더 잘 들림을 말하여 어디에서나 말을 삼갈 것을 일깨우고 있다.

'習'(습)은 본시 '(새가 나는 것을) 익히다'는 뜻이다. '익히다' 외에 '쉽다, 익숙하다, 잘하다' 등으로 번역된다.

'傳聲'(전성)과 '習聽'(습청)은 각각 '소리가 전해지다'와 '듣기가 쉽다'로 번역해도 된다.

029 禍因惡積 福緣善慶

음훈

禍(재앙 화) **因**(말미암을 인) **惡**(모질 악) **積**(쌓일 적)
福(복 복) **緣**(좇을 연) **善**(착할 선) **慶**(경사스러울 경)

재앙은 모짊(악)으로 말미암아 쌓이고,
복은 착함(선)을 좇아서(따라서) 경사스러워진다(복이 된다).

한 걸음 더

1. '因'(인)은 '말미암다(인하다), 따르다', '원인(말미암는 바)' 등을 뜻한다.

'惡'(악)은 '모질다, 사납다, 악하다(나쁘다)', '악(모짊, 나쁨)' 등을 뜻한다. '미워하다, 부끄러워하다'를 뜻할 때는 '오'로 읽는다. '어디'를 뜻할 때도 '오'로 읽는다.

'積'(적)도 동사성 의미를 나타내므로 '쌓다'와 '쌓이다'의 구별이 없다. 다른 동사성 어휘들과 마찬가지로 문맥에 따라 우리말로는 구별한다.

2. '緣'(연)은 '좇다, 따르다, 연유하다(말미암다), 인연되다', '인연, 연유' 등을 뜻한다.

'善'(선)은 '좋다, 착하다, 선하다', '선(착함, 좋음)' 등으로 번역할 수 있다.

'慶'(경)은 '경사스럽다, 복되다', '경사(축하할 만한 일), 복' 등을 뜻한다.

『周易』(본시 『易』이라고 하였음)에 '積善之家 必有餘慶, 積不善之家 必有餘殃'(적선지가 필유여경 적불선지가 필유여앙)〔착함을 쌓은 집에는 반드시 남는 경사가 있고, 착하지 못한 것을 쌓은 집에는 반드시 남는 재앙이 있다.〕이라는 말이 있다.

3. '因'(인)과 '緣'(연)처럼 원인이나 이유 또는 유래 등을 나타내는 말을 이끄는 단어들이 있다. 원인이나 이유를 나타낼 때 궁극적인 의미는 모두 '~ 때문에'로 귀결된다. 앞에서도 그렇고 뒤에서도 그러하지만, 천자문에서는 이처럼 비슷한 뜻의 단어를 짝지어 사용한 곳이 많다. 기억에도 도움을 주고 단어의 용례를 익히기에도 좋다.

두 글자를 합쳐 만든 단어가 '因緣'(인연)이다.

030 尺璧非寶 寸陰是競

음훈

尺(자 척) 璧(보옥 벽) 非(아닐 비) 寶(보배로 여길 보)
寸(치 촌) 陰(그늘 음) 是(이다 시) 競(다툴 경)

한 자의 보옥은(도) 보배로 여길 것이 아니며, 한 치의 해 그늘〔→짧은 시간〕은(도) 다투어야 할〔→아껴야 할〕 것이다.

한 걸음 더

1. '尺'(척)은 '자, 1자(한 자)'를 뜻한다. '寸'(촌)은 '치(촌), 1치(한 치), 마디'를 뜻한다. '1尺'은 '10寸'이다. '璧'(벽)은 구슬 중에서도 가공한 '보옥(寶玉)'이다. 이에 대해 '璞'(박)은 가공하지 않은 옥돌이다. '尺璧'(척벽)은 가운데 구멍이 뚫린 1자나 되는 다듬은 옥이니 보옥인 것이다.
2. '寶'는 '보배(보배로 여길 것), 보배로 여기다, 보배롭다' 등을 나타낸다. 여기에서는 뒤의 '競'(경)에 맞추어 '보배로 여길 것'으로 번역하였다.

'寸陰'(촌음)은 '한 치 정도 되는 해의 그늘(그림자)'이니 매우 짧은 시간을 비유한다. 선조들이 흔히 가르쳐온 말에 '一寸光陰不可輕'(일촌광음불가경)〔한 치의 해 그림자(매우 짧은 시간)도 가벼이 해서는 안 된다.〕이라는 구절이 있다.

3. '是'(시)는 '이(이 것, 이사람)'을 뜻하기도 하고, '이다, 그렇다, 이것(그것)이다'를 나타내기도 하며, '옳다, 옳다고 여기다', '옳음' 등도 나타낸다. '非'(비)는 이와 상대되는 말로서, '아니다, 그러한 것이 아니다', '그르다, 그르다고 여기다' 등을 나타낸다. 예 : '是非'(옳고 그름), '是是非非'(옳은 것을 옳다고 여기고 그른 것을 그르다고 여기다.〔옳은 것이 옳은 것이고 그른 것이 그른 것이다〕)

031 資父事君 曰嚴與敬

음훈

資(헤아릴 자) **父**(아버지 부) **事**(섬길 사) **君**(임금 군)
曰(말할 왈) **嚴**(근엄할 엄) **與**(더불 여) **敬**(공경할 경)

아버지를 헤아려서 임금을 섬기기에(섬기는 것이므로),
근엄하고 공경을 더불어 한다고 말하는 것이다.

한 걸음 더

1. '資'(자)는 '재물, 노자, 밑천, 바탕', '미천 삼다, 취하여 쓰다', '헤아리다(생각하다)' 등을 나타낸다. 여기에서는 '헤아리다'를 뜻한다.

'父'(부)는 '아비', '母'(모)는 '어미'로 풀어왔다. 오늘날은 '아버지', '어머니'라고 말하는 것이 보통이다. '男'(남)〔사내 →남자〕과 '女'(여)〔계집 →여자〕, '夫'(부)〔지아비 →남편〕와 '婦'(부)〔지어미 →아내〕의 풀이도 이와 흡사하다.

‘事’(사)는 ‘섬기다’를 뜻하기도 하며, ‘일’을 뜻하기도 한다. 예 : 事大主義(사대주의)〔큰 것을 섬기는 주의〕, 有事時(유사시)〔일이 있을 때〕.

2. ‘曰’(왈)은 ‘말하다’는 뜻인데 전에 ‘가로다’라고 하였으므로 ‘가로 왈’이라고 음훈을 달았었다. 그래서 예전에 흔히 ‘가로대(가라사대) ~’라고 번역했었다. 뒤에 오는 말에 따라 ‘말하다, ~라고 하다, ~이다’ 등으로 번역한다.

‘與’(여)는 ‘주다, 더불다’를 뜻한다. ‘더불다’라는 말을 중심으로 새겨지는 문맥은 여러 가지가 있다. ‘더불어 비교하다’도 여기에 포함된다. 문맥을 살펴서 더불어 ‘무엇을 하는지’를 보충해 주면 우리말이 갖추어진다. 예를 들면 “禮與其奢也寧儉, 喪與其易也寧戚.(예여기사야녕검, 상여기이야녕척)”(『論語(논어) · 八佾(팔일)』)는 “예는 그 사치스러움과 더불면〔→더불어 비교하면, →사치스럽기보다는〕 차라리 검소하고〔→검소해야 하고〕, 상(喪事〔상사〕)은 그 쉽게 함과 더불면〔→더불어 비교하면, →쉽게 하기보다는〕 차라리 슬퍼하는 것이다〔→슬퍼해야 한다〕”가 된다.

3. ‘嚴’(엄)과 ‘敬’(경)은 문맥상 형용사성을 띤다고 여겨지면 ‘엄하다(엄함), 엄격하다(엄격함), 근엄하다(근엄함)’, ‘공경스럽다(공경스러움)’ 등으로 풀이하고, 명사성을 띤다고

여겨지면 '근엄, 엄격', '공경' 등으로 풀이한다. 동사성를 띠면 '엄하게 하다, 근엄하게 하다', '공경하다'가 된다. 이처럼 한문 자체에는 이러한(형용사 · 명사 · 동사 등) 경계가 없다. 우리말과 낱말의 성격이 다르므로 우리말에 맞추어 새길 따름이다. 우리말과 비교하면 하나의 단어가 여러 가지 성질을 갖는 종합적 성격을 띤다고 할 수 있다.

032 孝當竭力 忠則盡命

음훈

孝(효도 효) **當**(마땅할 당) **竭**(다할 갈) **力**(힘 력)
忠(충성 충) **則**(곧 즉) **盡**(다할 진) **命**(목숨 명)

효(효도)는 힘을 다함이 마땅하고,
충(충성)은 곧 목숨을 다하는 것이다.

한 걸음 더

1. '孝'(효)와 '忠'(충)도 앞에 나온 '嚴'(엄)과 '敬'(경)처럼 명사·형용사·동사의 구별이 없이 한 가지로 쓰인다. 우리말에서는 '효, 효도, 효성', '효성스럽다', '효도하다'와 '충, 충성, 충정', '정성(충성)스럽다', '충성하다' 등으로 나뉘므로 문맥에 따라 적절하게 번역하면 된다.
2. '當'(당)과 같은 '마땅하다, 당연하다'류의 의미를 나타내는 말도 뒤에 오는 말('竭力'〔갈력〕)을 목적어로 취한다고 보면 된다. 해석상으로는 '~함(하는 것)이 마땅하다' 또는 '마땅히 ~하다'가 모두 가능하나, 앞의 것이 한문법에 더 맞다.

3. '則'(즉)을 '곧 즉'으로 풀었다. 그런데 '則'은 '칙'으로 읽으면 '법(법칙), 법삼다(본보기로 삼다)'는 뜻을 갖는다. 여기에서는 '當竭力'(당갈력)에 맞추어 '목숨을 다하는 것을 법으로(본보기로) 삼는다'라고 번역해도 뜻이 통한다.

쉬 어 가 기

4 보충구〔보충관계〕 뒤에 오는 말이 앞말이 뜻하는 내용의 결과를 설명한다. 이러한 관계를 보이는 단어의 연접은 고대중국어(한문)에 많이 나타나지는 않는다.

戰勝(전승 : 싸워 이기다)

捕得(포득 : 잡아내다〔←잡아 얻다〕)

顚覆(전복 : 넘어뜨려 엎다)

033 臨深履薄 夙興溫凊

음훈

臨(임할 림) **深**(깊을 심) **履**(밟을 리) **薄**(엷을 박)
夙(일찍 숙) **興**(일어날 흥) **溫**(따뜻할 온) **凊**(서늘할 청)

깊은 곳(연못)에 임하듯이 하고 얇은 것(어름)을 밟듯이 하며,
일찍 일어나 따뜻하게 해 드리고 서늘하게(시원하게) 해 드린다.

한 걸음 더

1. '臨'(임, 림)은 '임하다, 나아가다', '履'(리, 이)는 '밟다', '신, 신을 신다'를 뜻한다. '深'(심)과 '薄'(박)은 '깊다, 깊음'과 '얇다(엷다), 얇음, 박하다'를 비롯하여 여러 가지 '깊은 것'과 '얇은 것'을 나타낸다. 문맥상 여기에서 '深'은 '깊은 못'을, '薄'은 '얇은 얼음(薄冰〔박빙〕)'을 뜻한다(전체의 뜻이 '如履薄冰'〔여리박빙: 얇은 얼음을 밟는 것과 같이 하다〕이라고 하는 경우와 같음).

항상 언행을 삼가야 함을 말한 것이다.

2. '夙'(숙)은 '일찍', '삼가다' 등을 뜻한다. '興'(흥)을 '일어나다, 일으키다, 흥하다', '흥' 등을 뜻한다. '溫'(온)도 '따뜻하다, 따뜻함, 따뜻하게 하다' 등을 다 나타낸다. '凊'(청)도 마찬가지이다. '凊'은 음을 '정'으로도 읽는다.

부모님께 효도하는 몸가짐의 하나를 말하고 있다. '昏定晨省'〔혼정신성〕(어두워지면〔날이 저물면〕〔잠자리를〕 정해드리고 새벽이면〔아침이 되면〕〔밤새 별 일이 없으셨는지를〕 살핀다.)이라는 말도 있다.

034 似蘭斯馨 如松之盛

음훈

似(비슷할 사) **蘭**(난초 란) **斯**(조사 사) **馨**(향기 날 형)
如(같을 여) **松**(소나무〔솔〕 송) **之**(조사 지) **盛**(성할 성)

난(난초)이 향기를 〔멀리〕 내는 것과 비슷하고, 소나무가 무성한 것과도 같다.

한 걸음 더

1. '似'(사)는 '비슷하다, 흡사하다, 같다' 등으로 번역한다. '似而非'(사이비)는 '비슷한 것 같으나(같은데) 아니다'는 뜻이다. 여기에서 '而'(이)는 앞말을 강조하는 조사이다. '如'(여)도 '같다, 비슷하다' 등으로 번역한다. 이것들과 뜻이 비슷한 말로는 '若'(약), '類'(류), '猶'(유) 등이 있다. '馨'(형)은 '향기, 향기 나다(내다)'를 뜻한다. 이 글에서는 난초가 향을 멀리 풍김을 가리키고 있다.
2. '斯'(사)는 '이'('이'로 지칭할 수 있는 모든 것을 가리킴 : 이 사람, 이것 등)을 뜻하는 代詞(대사)로 쓰일 때도 있고,

가리키는 내용이 없이 어조를 나타내는 助詞(조사)로 쓰일 때도 있다. 여기에서는 조사로 쓰였다. 앞의 '蘭'(난, 란)을 강조한다.

'之'(지)도 조사로 쓰였다. 앞의 '松'(송)을 강조한다. '之'는 '그'('그'로 지칭할 수 있는 모든 것을 가리킴 : 그 사람, 그것 등)를 뜻할 때는 대사이다. 가리키는 내용이 없을 때는 조사로 보면 대체로 맞다. '之'가 동사로 쓰이면 '가다'를 뜻한다.

'如松之盛'(여송지성)을 '如' + '松之盛'의 구조로 보고, '似蘭斯馨(사란사형)'도 이에 맞추어 '似' + '蘭斯馨'의 구조로 번역하였다. '斯'를 '이, 이에, 이렇게' 등을 뜻하는 대사로 여기면 '似蘭斯馨'은 '似蘭' + '斯' + '馨'의 구조가 되어 '난처럼 이렇게 향기롭다'로 번역할 수 있다. 이 구조에 '如松之盛'을 맞추면 '如松' + '之' + '盛'이 되어 '소나무처럼 거(그렇게) 무성하다'로 번역할 수 있다. 이 경우 "似蘭斯馨 如松之盛" 전체는 "난처럼 이렇게 향기롭고 소나무처럼 거(그렇게) 무성하다."가 된다.

품사를 '조사'라고 일컫는 말들에 대해서는 여러 가지 명칭이 있어 왔다. '어조사'(語助詞)라는 말이 한 예이다. 구체적인 뜻을 갖지 않고 문법적인 여러 가지 기능을 하는 단어의 무리를 총칭하는 말이다. 대사와 조사의 기능을 겸하여 갖는 말로 자주 쓰이는 것으로는 '斯'나 '之' 외에도 '其'(그)라는 단어가 있다.

3. 사람의 품덕이 맑고 높은 것을 난초가 향기를 멀리 풍기는 것과 사철 내내 푸른 소나무가 무성한 것에 비유하였다.

쉬 어 가 기

5 주술구〔주술관계〕 앞말이 설명의 대상인 주어가 되고 뒷말은 이를 설명하는 술어(서술어)가 되는 관계이다.

年少(연소 : 나이가 적다)

吾見(오견 : 내가 만다다)

功大(공대 : 공이 크다)

禽獸衆(금수중 : 금수〔짐승〕가 많다)

國人望君(국인망군)

나라 사람〔백성〕들이 임금을 우러러보다) ── '望+君'(임금을 우러러보다)은 술목구〔술목관계〕이고, 이것 앞에 주어가 되는 '國人'이 놓임으로써 '國人+望君'은 다시 주술구〔주술관계〕를 이룬다.

035 川流不息 淵澄取暎

음훈

川(내 천) 流(흐를 류) 不(아니 불) 息(쉴 식)
淵(못 연) 澄(맑을 징) 取(취할 취) 暎(비출 영)

내의 흐름은 쉬지(그치지) 아니하고,
못의 맑음은 〔주변을〕 취하여 비춘다.

한 걸음 더

끊임없이 쉬지 않고 수양하며, 그렇게 하여 맑고 깨끗한 인품은 다른 사람을 비추어 보게 하는 거울이 됨을 비유한 말이다.

1. '川'(천)은 '내, 냇물'을 뜻한다. '流'(류)는 '흐르다, 흐름, 흐르는 물' 등을 뜻한다. '息'(식)은 '쉬다, 그치다, 숨 쉬다, 숨' 등을 뜻한다.

'不'(불, 부)은 '~하지 않음'(그러하지 않음)을 나타내는 부정어이다. 보통 副詞로 여겨 우리말의 '안, 아니, 못' 등이나 영어의 'not'에 대응시켜 생각하고 번역하고 있다.

2. '取暎'(취영)은 '〔주변의 경치를〕 취하여 비춘다'로 번역하였는데, '비추이는 것을 취한다'(→비춤을 갖는다, →비추어 준다)로 해도 뜻이 통한다.

쉬 어 가 기

成語(성어)

'成'과 '語'의 결합은 술목관계일 때는 '말을 이루다'가 되고, 수식관계일 때는 '이루어진 말'이 된다. 따라서 우리가 흔히 쓰는 '성어'라는 말은 '이루어진 말'로 이해해도 되고, '말을 이룬 것'으로 이해해도 된다.

成語는 과거 어느 때 생긴 말이 비교적 오랜 세월 동안 쓰여 온 말들이다. 우화(寓話)가 배경인 것도 있고, 역사적인 고사(故事)가 배경인 것도 있으며, 고전 문헌 중에 등장하는 말인 경우 등 여러 가지이다. 처음 만들어질 때는 문맥이 갖추어져 있어서 자면 그대로 이해해도 되었지만, 후대로 내려오면서는 자면 자체가 말해주는 구체적인 문맥이 없어도 쓰이게 되어 추상적, 상징적인 뜻을 나타내는 것이 많다.

'蛇足'(사족), '矛盾'(모순), '塞翁之馬'(새옹지마) 등은 우언에 속하고, '完璧'(완벽)은 역사 배경이 있으며, '緣木求魚'(연목구어) 같은 것은 일반 고전에 쓰인 말이다. 후대에 문맥상 비유가 성립되는 곳이면 다 쓸 수 있게 되었다. '似而非' 같은 것은 그냥 굳어진 말에 속한다. 성어는 2자, 3자, 4자로 된 것이 주류를 이루는데 4자로 된 것이 가장 많다.

036 容止若思 言辭安定

음훈

容(얼굴 용) **止**(그칠 지) **若**(같을 약) **思**(생각할 사)
言(말씀 언) **辭**(말씀 사) **安**(편안 안) **定**(정할 정)

얼굴과 그침(멈춤)은 생각하는(생각이 있는) 것 같고, 말은 평안하고 일정하다.

한 걸음 더

수양이 있는 군자(君子)의 외양과 언사를 설명한 말이다.

1. '容'(용)은 얼굴에 나타나는 모든 것을 가리킨다. '止'(지)는 '行動擧止'(행동거지)〔'起居動作'(기거동작)〕 가운데서 '그침(멈춤)'을 뜻하므로 일체의 몸가짐을 대표하여 가리키는 말이다.

'容止若思'(용지약사)는 표정과 행동거지가 깊이 생각하여 행동하는 것으로 보인다는 뜻이다. '思'(사)는 '생각하다, 생각'을 뜻한다.

2. '言'(언)과 '辭'(사)는 모두 '말, 말씀'을 가리킨다. 합쳐서

'언사'라고 한다. '말' 또는 '말하다'를 뜻하는 한자는 이외에도 여러 가지가 있다. '語'(어)·'談'(담)·'話'(화)·'說'(설) 등이 그것이다.

'安定'(안정)은 '평안하고 일정하게 정해지다'이니, 문자 그대로 안정되어 있다는 뜻이다.

037 篤初誠美 愼終宜令

음훈

篤(도타울 독) **初**(처음 초) **誠**(진실로 성) **美**(아름다울 미)
愼(삼갈 신) **終**(마칠 종) **宜**(마땅할 의) **令**(고울 령〔영〕)

처음을 두텁게 하는 것은 진실로 아름답고, 마침을 삼가는 것은 마땅히 곱다〔→곱기 마련이다, ←아름다운 것이 당연하다〕.

한 걸음 더

'誠'(성)은 '정성스럽다, 정성', '정성스레 →실로, 진실로' 등을 뜻한다.

'宜'(의)는 '마땅하다, 당연하다, 적의하다, 의당' 등을 뜻한다. '當'(당)과 비슷하게 쓰인다.

'終'(종)은 '마치다, 마침, 끝' 등을 뜻한다. 이에 잘 대응되는 '始'(시)는 '시작하다, 시작함, 시작(처음)'을 뜻한다.

'令'(령, 영)은 '곱다, 아름답다, 착하다' 등을 뜻할 때 '고울 영(령)'이라고 풀었으며, '시키다, 명령하다, 명령'을 뜻할 때는 '하여금 령(영)'이라고 풀어 왔다. 여기에서는 '곱다'류의 뜻을 갖는다. '巧言令色'(교언영색)(교묘한〔교묘하게 꾸민〕 말과 고운〔곱게 보이도록 꾸민〕 낯빛)의 '令'도 '곱다'는 뜻이다.

시작과 끝을 독실하고 신중하게 하면 아름다울 수밖에 없다.

038 榮業所基 籍甚無竟

음훈

榮(빛날 영) **業**(일 업) **所**(바 소) **基**(기초할 기)
籍(왁자할 적) **甚**(대단할 심) **無**(없을 무) **竟**(다할 경)

빛나는 업이 기초를 둔 바는
〔그 명성의〕 자자함이 대단하여 다함이 없다.

한 걸음 더

1. '榮'(영)은 '빛나다, 영화' 등을 뜻한다.

   '業'(업)은 '일'을 뜻한다. '事業'(사업) · '學業'(학업), '職業'(직업), '德業'(덕업), '功業'(공업), '創業'(창업), '家業'(가업)이라고 할 때의 '業'자를 통해서도 그 뜻을 살필 수 있다. '榮業'(영업)은 훌륭한 업을 가리킨다.

2. '基'(기)는 '터, 기초', '기초하다(기초를 두다), 터를 삼다' 등을 뜻한다.

   '所'(소)는 '處所'(처소) · '場所'(장소) · '住所'(주소)라고 할 때처럼 '곳'(장소)을 가리키면 명사에 해당한다. 동사성의 말 앞에 놓이면 그 말을 받아 '~하는 바'(→ ~하는 바의 것)를 나타낸다. '所有'(소유)〔가진 바〕, '所聞'(소문)〔들은 바〕, '所得'(소득)〔얻은 바〕 등이 그 예이다. 이때의 '所'를 한문법에서는 보통 '조사'라고 하는데 일반 '어조사'성의 조사〔이 경우는 語氣助詞(어기조사)〕라고 부름〕와는 성격이 다르다. 그래서 構造助詞(구조조사)라고 부른다. 일종의 명사성의 구를 만드는 데 쓰인다고 보고 있다. '바'(~하는 바, ~하는 것)로 번역하는데, 번역에 쓰이는 우리말의 '바'는 불완전명사로 분류된다.

'所基'(소기)는 '기초를 삼은(기초한) 바, 바탕을 둔 바'를 뜻한다. 모름지기 빛나는 업에는 기초가 되는 덕행이 있다.

3. '籍'(적)은 '(서로 말을 전하느라고) 왁자하다, 떠들썩하다, 자자하다'를 뜻한다. '藉'으로도 쓴다('藉'는 음을 '자'로 읽는 경우가 대부분인데, '籍'과 뜻이 같은 경우는 '적'으로 읽는다). 평판이 '자자하다'하다고 할 때의 '자자하다'에 해당한다. '籍'에는 '문서, 책'의 뜻도 있다. 예 : 書籍(서적) 典籍(전적).

4. '甚'(심)은 (정도가) '심하다, 대단하다'는 뜻이다. 여기에서는 술어로 쓰였으므로 이렇게 번역한다. 부사적으로 쓰일 때는 '심히, 대단히, 매우' 등으로 번역한다.

'竟'(경)은 '다하다, 마치다, 끝나다', '끝', '마침내' 등을 뜻한다.

'無'(무)는 '없다'를 뜻한다. '有'(있다)와 반대된다. '竟'은 여기에서 '無'의 목적어로 쓰였다.

'籍甚無竟'(적심무경)만을 가지고 보면, '자자하여(자자함이) 심히 다함이 없다'로 번역할 수도 있을 듯하다.

039 學優登仕 攝職從政

음훈

學(배울 학) **優**(넉넉할 우) **登**(오를 등) **仕**(벼슬 사)
攝(가질 섭) **職**(일 직) **從**(좇을 종) **政**(정사 정)

배움이 넉넉하면 벼슬에 올라 일(직무)을 가지고 정사를 좇는다(정치에 종사한다).

한 걸음 더

'優'(우)는 '넉넉하다, 우수하다' 등을 뜻한다.

'攝'(섭)은 '당기다, 쥐다, 가지다(지니다)' 등을 뜻한다.

'職'(직)은 '구실(직분), 벼슬(관직), 일(직무)', '맡다' 등을 뜻한다.

'從'(종)은 '좇다, 따르다, 종사하다' 등을 뜻한다.

'政'(정)은 '정사(정치)', '다스리다' 등을 뜻한다.

040 存以甘棠 去而益詠

음훈

存(있을 존) **以**(써 이) **甘**(달 감) **棠**(팥배나무 당)
去(갈 거) **而**(조사 이) **益**(보탤 익) **詠**(읊을 영)

있으면서(머무르면서) 팥배나무〔팥배나무 자리〕를 쓰니,
가고 난 뒤에는 〔공로에 대해〕 읊음(노래함, 영탄함)을 보탰다〔→노래를 지어 읊기까지 하였다〕.

한 걸음 더

1. '存'(존)은 '있다, 머무르다'를 뜻한다. '以'(이)는 '쓰다(사용하다), 써서(사용해서, 가지고서) 하다'를 뜻한다.

   주(周)나라 성왕(成王) 때 소공(召公)이 선정을 베풀며 남국을 순행할 때 어느 곳에 이르러서는 민폐를 끼치지 않으려고 팥배나무(감당〔甘棠〕) 밑에서 노숙하며 백성들의 송사(소송)를 처리하였다고 한다. 즉, 이 구절은 숙박과 공무 처리를 하는 데 이 팥배나무 아래를 사용한 사실을 말하고 있다.

2. '而'(이)는 앞 말을 강조하는 조사(어기〔語氣〕조사)이다. 이런 부류의 단어들을 보통 어조사라고 일컬었었다. '去'(거)는 '가다, 떠나다'이니 문맥상 '가고난 뒤에'를 가리키는데 '而'를 사용하여 '去'를 강조하였으니 '가고난 뒤에는(가고 나서는), 떠난 뒤에는'를 뜻한다.

'益'(익)은 '더하다, 보태다'는 뜻이다. '詠'(영)은 '읊다, 노래하다', '노래(시가)'를 뜻한다. 추모하여 '영탄〔詠嘆〕'하였음을 의미한다.

소공이 떠난 뒤에 이 나무를 베지 않고 잘 보존하였을 뿐 아니라 그의 덕을 노래를 지어 읊음으로써 추모하였다고 한다.

문맥을 보기에 따라 '益詠'(익영)에 대해서는 '(추모의 정을) 더하여 노래했다(읊었다)'라고 번역할 수도 있다.

041 樂殊貴賤 禮別尊卑

음훈

樂(음악 악) **殊**(다를 수) **貴**(귀할 귀) **賤**(천할 천)
禮(예 예〔례〕) **別**(구별할 별) **尊**(높을 존) **卑**(낮을 비)

음악은 귀천을〔→귀하고 천함을 따라〕 달리하고,
예는 존비를〔→높고 낮음을 따라〕 구별한다.

한 걸음 더

'樂'(음악)이든 '禮'(예법)든 신분과 지위의 귀천(귀하고 천함)과 존비(높고 낮음)에 따라 차등을 두어 의식을 각기 다르게 시행하였음을 말하고 있다.

1. '樂'(악)은 '음악, 풍류'를 뜻한다. '즐겁다, 즐기다'를 뜻할 때는 '락(낙)'으로 읽는다. '좋아하다'를 뜻할 때는 '요'라고 읽는다. 예 : 樂山樂水(요산요수)〔산을 좋아하고 물을 좋아하다〕.
2. '殊'(수)는 '다르다, 달리하다'를 뜻한다. '別'(별)도 '구별하다, 달리하다, 다르다'를 뜻한다. 여기에서도 앞뒤에 서로

비슷한 말을 사용하였다.

3. 고대에 '禮'(예, 례)와 '樂'(악)은 모두 중요한 제도의 하나였다. '禮'는 '예, 예도, 예법'을 뜻한다.

쉬 어 가 기

蛇足(사족)

글자 그대로 풀면 '뱀의 발'이다. '화사첨족(畵蛇添足)'을 줄인 말이라고 할 수 있는데, 이는 '뱀을 그리고 발을 보태다〔더하다〕'로 풀이된다. 그런데 왜 '蛇足'이 '필요 없는 것을 덧붙임' 또는 '필요 없는 것'을 가리키는 말이 되었을까? 다음과 같은 이야기가 있다.

옛 중국의 초(楚)나라에서 제사를 지낸 사람이 머슴 두 사람에게 술을 한 잔 내려주었다. 둘이 마시기에는 부족하고 혼자 마시기에는 넉넉하여 땅에 뱀을 먼저 그리는 사람이 마시기로 하였다. 한 사람이 뱀을 다 그리자 술잔을 잡아들고서 나는 뱀의 발을 그릴 수 있다 하고는 곧 이어 뱀에 발을 더하여 그렸다. 발을 다 그리기 전에 다른 한 사람이 뱀을 완성하고는 뱀에는 본시 발이 없는데 네가 어떻게 뱀의 발을 그린다는 것이냐 하고는 술잔을 빼앗아 마셔 버렸다. 뱀을 먼저 그린 사람은 없는 발을 보태는 쓸 데 없는 짓을 하여 그만 술을 잃어버렸던 것이다.

이런 우화를 배경으로 하여 '蛇足'이 '쓸데없는 군일' 또는 '쓸 데 없는 군일을 하여 도리어 실패함'을 이르게 되었다.

042 上和下睦 夫唱婦隨

음훈

上(위 상) **和**(온화할 화) **下**(아래 하) **睦**(화목할 목)
夫(남편 부) **唱**(부를 창) **婦**(아내 부) **隨**(따를 수)

위(윗사람)는 온화하고 아래(아랫사람)는 화목하며,
남편(지아비)은 부르고 아내(지어미)는 따른다.

한 걸음 더

1. '上'(상)과 '下'(하)는 각각 '위'와 '아래'에 관계되는 모든 것을 나타낸다. 문맥에 따라 보충하여 번역하면 뜻이 더 명확해진다.

   '和'(화)는 '온화하다, 화목하다, 고르다, 따뜻하다, 순하다' 등을 뜻한다.

2. '唱'(창)은 '부르다'는 뜻이다. 노래뿐만 아니라 먼저 시작하는 것을 나타내기도 하므로, 여기에서는 문맥에 따라 '제창하다, 선창하다(→솔선하다)'로 번역하면 뜻이 더 명확해

진다. 부르는 것, 즉 '노래'를 뜻하기도 한다.

예전에는 '夫'(부)를 '지아비'로, '婦'(부)를 '지어미'로 풀었었다. 오늘날은 '남편'과 '아내'라는 말을 더 많이 쓰므로 이렇게 번역하였다.

'夫'에는 '사내'의 뜻도 있다.

3. ① '夫'(부)가 지시하는 말로 쓰이면 우리말의 '저'에 해당하는 지시어〔代詞(대사)〕가 된다.〔예 : 夫執輿者爲誰? 子路曰: 爲孔丘.(부집여자위수 자로왈 위공구) (저 수레고삐를 잡고 있는 사람은 누구 되시오? 자로가 말했다. 공구되십니다.)(『論語(논어) · 微子(미자)』)〕

② '夫'가 문장의 끝에 놓이면 감탄을 나타낸다.〔助詞(조사)〕〔예 : 逝者如斯夫!(서자여사부) (가는 것은 이와 같을 진저!)(『論語(논어) · 子罕(자한)』)〕

③ '夫'가 문장의 첫머리에 오면 역시 같은 소리로 어떠한 말을 꺼냄을 나타내는 助詞로 쓰인다. '대저, 무릇' 등으로 번역한다.〔예 : 夫仁者 己欲立而 立人 ~(부인자 기욕립이 입인~) (대저 어질면〔어진 사람은〕 자기가 서고자 하면 남도 서게 하고 ~) (『論語(논어) · 雍也(옹야)』)〕

'지어미'인 '婦'는 시부모의 입장에서 보면 '며느리'가 된다.

043 外受傅訓 入奉母儀

음훈

外(밖 외) **受**(받을 수) **傅**(스승 부) **訓**(가르칠 훈)
入(들 입) **奉**(받들 봉) **母**(어머니 모) **儀**(거동 의)

밖에서는 스승의 가르침을 받고
들어가서는 어머니의 거동을 받든다(받들어 배운다).

한 걸음 더

1. '傅'(부)는 본시 좌우에서 받들어 모시는 사람을 뜻한다. 뒤에 '선생, 스승'을 가리키게 되었다.〔예 : 師傅(사부)〕 그래서 '돌보다, 돕다'라는 뜻도 갖는다.
2. '儀'(의)는 '거동' 즉 '기거동작, 언행의 범절'을 뜻한다. '법, 본보기, 예의'를 뜻하기도 하며, '짝', '천문기계' 등을 가리키기도 한다.

   '奉'(봉)은 '받들다, 바치다'는 뜻을 갖는다.

044 諸姑伯叔 猶子比兒

음훈

諸(여러 제) **姑**(고모 고) **伯**(큰아버지 백) **叔**(아재비 숙)
猶(같을 유) **子**(자식 자) **比**(견줄 비) **兒**(아이 아)

여러 고모, 백부(큰아버지), 숙부(아재비)는
자식과 같고 아이에 비견된다.

한 걸음 더

1. '諸'(제)는 '여러, 모든'을 뜻한다.

'姑'(고)는 '시어머니, 고모, 계집'을 뜻하며, '잠시'라는 뜻도 나타낸다.

'伯'(백)은 '맏(맏이), 큰아버지(伯父〔백부〕), 백작, 남편, 우두머리' 등을 뜻한다.

'叔'(숙)은 전에 '아재비'라고 불렀던 숙부, 즉 '작은아버지(아버지의 아우)'이다.

2. '子'(자)는 '아들, 자식'을 뜻한다. '比'(비)는 '견주다(비교하다, 비견되다, 겨루다), 따르다, 친하다, 돕다' 등을 뜻

한다.

'猶子比兒'(유자비아)〔자식과도 같고 아이와 비견된다(견주어진다)〕라 함은 곧 아버지의 형제자매들도 골육을 같이하는 어른들이므로 자기 자식들과 마찬가지로 사랑하라는 뜻이다.

3. 문맥을 보기에 따라서는 "여러 고모, 백부(큰아버지), 숙부(아재비)는 〔그들의 자식도〕 〔내〕 자식과 같고 아이에 비견된다."라고 볼 수도 있다. 이는 '諸姑伯叔'(제고백숙)을 가지고 그들의 자식을 나타냈다고 보는 경우이다. 네 글자씩으로 압축하고 여덟 글자로 한 문장을 마무리하기 위해서는 충분히 그럴 수 있다.

045 孔懷兄弟 同氣連枝

음훈

孔(매우 공) **懷**(품을 회) **兄**(맏 형) **弟**(아우 제)
同(같이할 동) **氣**(기운 기) **連**(이어질 연) **枝**(가지 지)

(서로) 매우 마음에 품는(생각하는) 형제는 기운을 같이하여(한가지로 하여) 가지로〔→가지처럼 서로〕 이어져 있다.

한 걸음 더

1. '孔'(공)은 여기에서 '매우, 몹시'를 뜻한다. '구멍', '성씨', '비다, 깊다' 등을 뜻하기도 한다.

'懷'(회)는 '(생각, 물건, 아이 등을) 품다'는 뜻이다. 문맥상 여기에서는 '(생각을) 품다'에 해당하여 '서로 생각(사념)하다, 사모하다'를 뜻하니 결국 '형제간에 의가 좋다'는 것을 의미한다.

따라서 '孔懷'(공회)는 '(서로) 매우(몹시) 마음에 품다(생각하다, 사념하다)'는 뜻이다. 그리하여 뒷날 '형제'를 가리키게도 되었다.

『詩經』(시경) 小雅(소아) · 常棣(상체)편에 "死喪之威 兄弟孔悔 原隰裒矣 兄弟求矣.(사상지위 형제공회 원습부의 형제구의)〔죽음의 위협에도(죽음이 두려워도) 형제가 몹시 생각해주고, 들판이나 습지에 모여 있어도 형제가 찾네〕"라는 구절이 있다.

2. '同'(동)은 '같다, 같이하다(한가지로 하다)'를 뜻한다. '同氣'(동기)란 한 부모로부터 혈통을 받는 것을 의미한다. 나무에 비유할 때 부모가 뿌리요 줄기라면 자식들은 가지로 서로 이어져 있는 것과 같기 때문에 '連枝'(연지)라고 하였다.

3. 형제간에 의가 좋거나 좋아야 함을 말하고 있다.

4. 문맥을 보기에 따라서는 "형제를 (서로) 매우 마음에 품는(사랑하는) 것은 기운을 같이하여(한가지로 하여) 가지로 이어져 있어서이다(이어져 있기 때문이다)."로 번역할 수도 있다.

046 交友投分 切磨箴規

음훈

交(사귈 교) **友**(벗 우) **投**(던질 투) **分**(나눌 분)
切(자를 절) **磨**(갈 마) **箴**(경계할 잠) **規**(법 삼을 규)

벗을 사귐에는 정분〔←나눌 것〕을 던지고〔→정분을 투합하고〕,
자르고 갈며〔→서로 연마하며〕 경계하고 법(본보기, 귀감) 삼는다.

한 걸음 더

1. '投'(투)는 '던지다'를 뜻한다. 문맥에 따라 '던져 넣다(투입하다), 던져 주다, 던져 합치다(투합하다)' 등으로 구체화된다. '分'(분)은 '나누다', '나눌 것'을 뜻하는데, 여기에서는 '나눌 것'으로서 친구 간의 '情分(정분), 情意(정의)'를 의미한다. '投分'(투분)은 친구 사이에 서로 의기투합함을 뜻한다.
2. '切磋琢磨(절차탁마)'라는 말이 있다. 본시 '切'은 뼈를 가

공할 때 뼈를 자르는(끊는) 것을, '磋'는 象牙(상아)를 가공할 때 이것을 가는 것을, '琢'은 옥을 가공할 때 쪼는 것을, '磨'는 돌을 가공할 때 닦는(가는) 것을 가리킨다. 그래서 '切磋琢磨'는 서로 격려하며 학문과 덕행을 닦는다는 것을 비유하는 데 쓰인다.

3. '箴'(잠)은 '경계하다', '바늘' 등을 뜻한다. '規'(규)는 본시 원을 그리는 '그림쇠'(컴퍼스)인데, '법(법규), 전범(본보기)', '법(본보기) 삼다, (법 삼아) 경계하다' 등을 뜻하게 되었다. 따라서 '箴規'(잠규)는 '경계하고 법(본보기) 삼다', 즉 '경계하여 바로 잡는다'는 뜻이다.

047 仁慈隱惻 造次弗離

음훈

仁(어질 인) **慈**(사랑할 자) **隱**(연민할 은) **惻**(슬퍼할 측)
造(갑자기 조) **次**(이를 차) **弗**(아니 불) **離**(떠날 리)

> 인자하고(어질고 자애로우며) 측은해 하는(연민하고 슬퍼하는) 것〔→마음〕은
> 창졸간에도 떠나지 않는 것이다.

한 걸음 더

1. '仁'(인)은 '어질다'로 번역한다. 우리말의 '어질다'로 번역하고 있는 말에는 '賢'(현), '良'(량, 양) 등도 있다. 각기 뜻이 다르지만 우리말에 따로따로 대응시킬 수 있는 말이 없기 때문에 똑같은 단어로 번역하고 있다. 이런 경우는 이 외에도 많이 있다. 고대중국어와 우리말은 서로 크게 다르기 때문이다.

2. '隱'(은)에는 '숨다, 숨기다'는 뜻도 있다. 여기에서는 '연민하다, 측은해 하다'는 뜻이다. '惻'(측)은 '슬퍼하다(근심

하고 아파하다, 비통해하다)'는 뜻이다. 보통 '惻隱'(측은)이라고 한다. 『孟子』(맹자)의 公孫丑(공손추) 편의 四端(사단) 중에 '惻隱之心 仁之端也'(측은지심 인지단야)〔측은해하는 마음은 어짊의 발단이다〕라는 말이 있다.

3. '造次'(조차)는 '창졸간, 짧은 시간, 다급한(갑작스러운) 때'를 뜻한다.

'造'(조)가 단독으로 쓰일 때는 '이르다, 성취하다', '갑자기' 등을 뜻하며, '次'(차)가 단독으로 쓰일 때는 '버금(둘째)', '차례', '잇다', '이르다' 등을 뜻한다.

4. '弗'(불)은 '不'(불, 부)과 마찬가지로 '아니(안)', '못' 등으로 번역할 수 있다. '弗'이 '不'보다 부정의 뜻이 더 강하다고 여기고 있다.

048 節義廉退 顚沛匪虧

음훈

節(절조 있을 절) **義**(의로울 의) **廉**(청렴할 렴) **退**(물러날 퇴)
顚(엎드러질 전) **沛**(자빠질 패) **匪**(아닐 비) **虧**(이지러질 휴)

절조 있고 의로우며(절의가 있으며) 청렴하고 물러서는(겸양하는) 일은
꼬꾸라지더라도(엎어지고 자빠지더라도) 이지러지게 하는 것이 아니다.

한 걸음 더

1. '節'(절)의 뜻은 '마디, 마디 짓다'에서 출발한다. '(언행에서 바르게) 마디 짓는다'는 것이 바로 '절조 있다(바르다)'는 뜻이다. '義'는 '옳음, 옳게 함(옳을)'을 뜻한다. 흔히 '의롭다'고 번역한다. 그래서 '節義'(절의)는 '절조 있고 의로움, 절조와 의행(義行)'을 뜻한다.
2. '廉'(렴)은 '청렴(淸廉)(하다)'이라고 할 때의 '廉'이다. '退'(퇴)는 '물러나다, 물러서다'를 뜻하니 문맥상 물러서야 할

때를 알아서 처신함을 가리킨다. 이것이 곧 '겸양(謙讓), 양보(讓步), 겸손(謙遜)'이다.

3. '顚沛'(전패)는 앞에 나온 '造次'(조차)와 짝을 이룬다. '엎드러지고 자빠짐' 또는 그러한 때를 가리킨다. 합쳐서 '꼬꾸라지다'로 번역하였다. '顚'(전)은 '이마'라는 뜻도 갖는다.

4. '匪'(비)는 본시 '대바구니'를 뜻했는데, '非'(비)와 음이 같아서 같은 뜻으로 빌려 쓰게 되었다. '아니다'를 뜻한다. '虧'(휴)는 '이지러지다, 이지러지게 하다'로 번역된다. 한 귀퉁이가 떨어져 나감을 뜻한다.

'顚沛匪虧'(전패비휴)는 위급한 순간에도 '節義廉退'(절의렴퇴)할 것을 잊어서는 안 됨을 말한 것이다.

049 性靜情逸 心動神疲

음훈

性(성품 성)　靜(고요할 정)　情(뜻 정)　逸(편안할 일)
心(마음 심)　動(움직일 동)　神(정신 신)　疲(피곤할 피)

성(성품, 성질)이 고요하면 뜻이 편안하고,
마음이 움직이면 정신이 피곤하다.

한 걸음 더

여기에서 '情'(정)은 '밖으로 드러나는 감정(정서)'을 가리킨다. '動'(동)은 '움직이다' 즉 '흔들리다'를 뜻한다. '神'(신)은 여기에서 '정신'을 가리킨다. 본시 '귀신'을 뜻한다. '疲'(피)는 '피곤하다, 고달프다'는 뜻이다.

모름지기 앞의 47, 48에서 말한 덕목을 갖춤과 동시에 타고난 본성과 마음을 잘 다스려서 어떠한 경우라도 흔들리지 않고 평정심을 가져야 함을 말하고 있다. '不動心'(부동심)하라는 뜻이다.

050 守眞志滿 逐物意移

음훈

守(지킬 수) **眞**(참 진) **志**(뜻 지) **滿**(가득할 만)
逐(쫓을 축) **物**(사물 물) **意**(뜻 의) **移**(옮길 이)

참(참된 것)을 지키면 뜻이 가득하고,
사물(외물, 물욕)을 쫓으면(따르면) 뜻이 옮겨진다.

한 걸음 더

물질을 추구하면 참된 마음이 흐트러지므로, 본 마음을 굳게 지켜서 속마음이 충실하도록 해야 함을 말하고 있다.

'意'(의), '志'(지), '情'(정), '義'(의) 등은 각기 구체적인 의미에 차이가 있지만 우리말로는 모두 '뜻'이라고 풀이한다. 개별 한자마다에 해당되는 우리말이 있지 않기 때문이다. '仁'(인), '賢'(현), '良'(양, 량) 등을 '어질다(어짊)' 하나로 풀이하는 것과 마찬가지이다. 이럴 때는 전후하여 쓰인 단어들의 의미를 살핀 후 문맥에 의해 구체적인 의미를 파악하는 것이 최선이다.

거꾸로 우리말로는 여러 가지로 나뉘는데 한자에는 다 갖추어져 있지 않은 경우도 있다.

중국과 우리나라 간의 언어와 문화 차이 때문이다.

쉬 어 가 기

矛盾(모순)

'矛盾'은 자면 그대로 풀면 '창과 방패'〔방패를 뜻하는 '盾'은 '楯'으로도 쓴다〕가 된다. 그런데 오늘날 '말이나 행동 또는 사실의 앞뒤가 서로 맞지 않음'을 일컫는 말로 쓰인다. 배경이 되는 이야기는 다음과 같다.

옛날 중국에서 창(矛)을 팔면서 방패(盾, 楯)를 더불어 파는 사람이 있었다. 창을 선전할 때는 내 창은 못 뚫을 것이 없다고 자랑하고, 방패를 선전할 때는 내 방패는 못 막을 것이 없다고 자랑하였다. 이 말을 들은 어떤 사람이 당신 창으로 당신의 방패를 뚫는다면 어떻게 되겠느냐고 물었다. 장사꾼은 할 말이 없었다.

051 堅持雅操 好爵自縻

음훈

堅(굳을 견) 持(가질 지) 雅(바를 아) 操(지조 조)
好(좋을 호) 爵(벼슬 작) 自 (스스로 자) 縻(얽힐 미)

바른 지조(우아한 절조)를 굳게 지니면
좋은 벼슬이 스스로(저절로) 얽혀온다(따라온다).

한 걸음 더

1. '雅操'(아조)를 '바른 지조'라고 풀이했다. '바름과 지조(절조)'라고 풀이할 수도 있다.
2. '操'는 '잡다', '잡을 것'을 뜻하므로 '지조(절조)'도 본시 '꽉 잡고 있어야 할 것'이라는 데서 나온 뜻임을 알 수 있다.
3. '爵'(작)을 '벼슬'이라고 번역하는데, 벼슬을 가리키는 한자도 여럿 있다. 여기에서 '爵'이 가리키는 일반적인 의미는 '公(공)·侯(후)·伯(백)·子(자)·男(남)'으로 나뉘는 다섯 등급의 작위를 포괄한다.

   '縻'(미)는 '얽다', '얽히다'를 뜻한다. 이 구절은 바른 도리를 다 하고 있으면 벼슬이 저절로 따라옴을 말하고 있다. 고래로 이와 비슷한 말들이 많았다. '爵'은 사람이 만들고 사람이 주는 벼슬 외에 하늘이 준 벼슬을 비유하는 데도 쓰였다. 올바른 도리를 꾸준히 지켜나가는 것이 곧 하늘이 준 벼슬이라고 여겨서이다. 이 구절에서는 두 가지 가운데 어느 것으로 보아도 뜻이 통한다.

052 都邑華夏 東西二京

음훈

都(도읍할 도) **邑**(고을 읍) **華**(빛날 화) **夏**(중국 하)
東(동녘 동) **西**(서녘 서) **二**(둘 이) **京**(서울 경)

도읍(국도로 정한 고을)은 화하(중국)에서
동쪽과 서쪽의 두 서울(두 곳)이다.

한 걸음 더

1. '都'(도)는 여기에서 '국도(수도)로 정하다, 도읍하다'를 뜻한다. 따라서 '都邑'(도읍)은 '도읍한(국도로 정한) 고을'을 뜻한다. 곧 오늘날의 수도를 일컫는다. '都'만으로 '도읍'(수도)을 뜻할 때도 있다.
2. '華'(화)는 '꽃'을 총칭하는 말이기도 하고, '화려하다'는 뜻을 갖기도 한다. '夏'(하)는 여름을 뜻하기도 하지만 여기에서는 아니다.

   '夏'는 중국 고대에 禹王(우왕)이 세운 나라 이름이기도 하고, 중국의 중심지, 즉 중원 또는 중국 땅 전체를 가리키는 말로도 쓰인다. '夏'는 '나라 가운데의 사람', 즉 중원 사람을 가리키기도 한다. '華夏'는 '화려한 夏'를 뜻하여 중국을 미화한 이름이 된다. 즉, 중국의 대표민족인 漢族(한족 : 오늘날 중국의 대표민족을 가리키는 말임) 또는 그들이 사는 땅을 미화한 이름인 것이다.

'夏'에는 크다는 뜻도 있으니, '華夏'를 '화려하고 크다'는 뜻으로 보아도 중국 사람이나 중국을 과장해서 미화한 말이 된다.

3. 고래로 수도를 두 곳에 둔 나라들이 있었다. 예를 들면 周(주)나라〔武王이 세운 나라〕 때에는 河南省(하남성)의 洛陽(낙양)에 東京(동경) 즉 東都(동도)를 두었고, 陝西省(섬서성)의 長安(장안)에는 西京(서경) 즉 西都(서도)를 두었다.

053 背邙面洛 浮渭據涇

음훈

背(등질 배) **邙**(고을 이름 망) **面**(면할 면) **洛**(물 이름 락〔낙〕)
浮(뜰 부) **渭**(물 이름 위) **據**(의지할 거) **涇**(물 이름 경)

망(邙) 땅을 등지고(뒤에 두고) 낙수(洛水)를 마주 대하며(면하며),
위수(渭水)에(위수 옆에) 떠 있고 경수(涇水)를 의지할 데로 삼았다(경수에 의지하였다).

한 걸음 더

1. 이 말은 바로 앞에서 말한 二京(동경과 서경)이 자리한 형세를 설명한 말이다. 두 곳의 도읍이 산과 물에 의해 지세를 얻고 있음을 말한 것이다.
2. 본시 '邙'(망)은 하남성 낙양의 동북쪽에 있던 고을 이름이다. 후에 산 이름으로 쓰이게 되었다. '背'(배)는 '등', '등지다(뒤에 두다)' 등을 뜻한다. '背邙'(배망)은 '邙 땅을 등지다(뒤에 두다)'를 뜻한다. '낙수를 면하다(마주 대하다)' 함

은 앞 쪽으로 낙수가 흐른다는 뜻이다. 뒤에는 '邙'이 앞에는 '洛'(낙수)이 있는 것은 동경(동도)인 낙양의 형세를 설명한 말이다. 낙수는 위수와 합쳐져서 황하로 흘러들어 간다.

3. '위수에 떠 있다(浮渭)'고 함도 결국 '위수를 의지하고 있음'을 뜻한다. 서경(서도)인 장안이 위수와 경수를 의지하고 있는 형세를 말한 것이다. 낙양은 위수와 경수가 합쳐지는 남쪽에 위치하였다.

054 宮殿盤鬱 樓觀飛驚

음훈

宮(집 궁) **殿**(큰집 전) **盤**(쟁반처럼 두를 반) **鬱**(빽빽할 울)
樓(누각 누〔루〕) **觀**(관대 관) **飛**(날 비) **驚**(놀랄 경)

궁전은 쟁반처럼 둘러 있고 (삼림처럼) 빽빽하며, (높이 솟은) 누대와 관대(전망대)는 나는 것들(새, 날짐승)도 놀란다.

한 걸음 더

1. '盤'(반)은 '쟁반, 소반', '쟁반처럼 두르다'를 뜻한다. 여기에서는 궁궐의 집들이 쟁반처럼 둘러 있음을 형용한다. '鬱'(울)은 '빽빽하다, 울창하다'를 뜻한다. '盤鬱'은 곧 궁전의 웅장함을 형용하는 말이다.
2. '樓'(누, 루)는 '누각, 누대, 다락'을 뜻한다. '觀'(관)은 '보는 곳', '보다'를 뜻한다. 여기에서는 '보는 곳'인 '관대' 즉 높게 지은 전망대를 가리킨다. '飛'는 '날다', '나는 것'을 뜻한다. 여기에서는 '새' 즉 '날짐승'도 놀랄 정도로 누각과

관대가 높이 지어져 있음을 형용하고 있다.

쉬 어 가 기

兔死狗烹(토사구팽)

구조 : '兔+死' 와 '狗+烹' 은 모두 주술관계이고, '兔死+狗烹' 은 수식관계이다.

해설 : 토끼가 죽자 개가 삶겨지다 — 쓸모가 없어지면 없애버린다는 뜻이다.

한왕(漢王) 유방(劉邦)의 공신이었던 한신(韓信)은 항우(項羽)의 장수이던 종리매(鐘離昧)라는 사람을 살려 두고 있었다. 유방(劉邦)이 화가 나서 한신을 체포하려 한다는 것을 알고 종리매는 자결하였다. 한신은 죽은 그의 목을 바쳤으나 반역죄로 잡히게 되었다. 그 때 한신이 다음과 같이 말하며 탄식하였다. "교활한 토끼가 죽자 사냥개가 죽음을 당한다고 하더니, 천하가 평정되자 주인에게 충성을 다한 내가 죽음을 당하게 되었구나."

055 圖寫禽獸 畵采仙靈

음훈

圖(그릴 도) 寫(베낄 사) 禽(날짐승 금) 獸(들짐승 수)
畵(그릴 화) 采(색칠할 채) 仙(신선 선) 靈(신령 령)

날짐승과 들짐승을 그려 베끼고(묘사하고),
신선과 신령을 그려 색칠했다.

한 걸음 더

1. '圖'(도)는 '그림', '그리다'이고, '寫'(사)는 '베끼다, 쓰다'이다. 궁전 내부의 벽에 상서로운 짐승들(봉황, 기린 등)을 그려 장식하였음을 말하고 있다.
2. '畵'(화)는 '그림', '그림을 그리다'이며, 여기서의 '采'는 '彩'(무늬, 채색, 색칠하다)나 '綵'(비단, 무늬)와 통한다.〔음은 모두 '채'이다〕 여기에서는 '색칠하다, 채색하다'를 뜻한다. 벽에 신선과 신령 등을 그려 색칠하였음을 말하고 있다.

윗글은 궁전 내부 장식의 화려함을 묘사하고 있다.

056 丙舍傍啓 甲帳對楹

음훈

丙(셋째 천간 병) **舍**(집 사) **傍**(곁 방) **啓**(열 계)
甲(첫째 천간 갑) **帳**(장막 장) **對**(대할 대) **楹**(기둥 영)

(궁전의) 별실은 (정실의) 곁에(양쪽에) 열려 있고,
갑장(장막)은 기둥을 (마주) 대하고 있다.

한 걸음 더

1. '丙'(병) 셋째 천간(天干)〔열 천간 : 甲 乙 丙 丁 戊 己 庚 辛 壬 癸〕이다. 고대에 궁중의 정실〔正室〕 양쪽에 있는 별실〔別室〕을 천간을 사용하여 순서대로 이름 붙였다. '舍'(사)는 '집'을 뜻한다. 그러므로 '丙舍'(병사)는 곧 세 번째 별실에 해당한다.

   '丙'은 '남녘' 즉 남쪽 방향을 가리키기도 한다.

   '傍'(방)은 '곁, 옆'이다.

2. '帳'(장)은 '장막, 휘장'을 뜻한다. 각종 장식을 한 장막도 천간을 이용하여 순서대로 이름 붙였다. 그러므로 '甲帳'(갑

장)은 첫 번째 장막으로서 가장 화려하다. '對'(대)는 '(마주) 대하다', '대답하다' 등을 뜻한다.

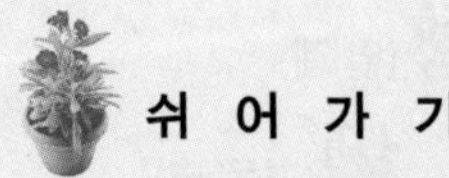

쉬 어 가 기

四面楚歌(사면초가)

구조 : '四+面'과 '楚+歌'는 모두 수식관계이다. '四面+楚歌'는 주술관계이다.

해설 : 사면(사방)이 초나라 노래이다 — 아무에게도 도움을 받지 못하는, 외롭고 곤란한 지경에 빠진 형편을 이르는 말이다.

초패왕(楚霸王) 항우(項羽)가 해하(垓下)에 진을 치고 있을 때 한군(漢軍)이 몇 겹을 포위하고 밤에 초나라 노래를 부르니, 항우가 "한나라가 이미 초나라를 다 빼앗았구나." 하며 탄식하였다고 한다. 본시 적에게 포위되어 고립된 상태를 가리켰으나, 주위 사람들이 모두 자기 의견을 반대하여 고립된 상태까지를 가리키는 말로 쓰인다.

057 肆筵設席 鼓瑟吹笙

음훈

肆(펼 사) **筵**(자리 연) **設**(늘어놓을 설) **席**(좌석 석)
鼓(탈 고) **瑟**(비파 슬) **吹**(불 취) **笙**(생황 생)

대자리를 펴고 좌석을 늘어놓고서
비파를 타고(두드리고) 생황을 분다.

한 걸음 더

1. '肆'(사)는 '펴다, 늘어놓다'를 뜻한다. '筵'(연)은 '대를 엮어 만든 깔 자리'로서 연회할 때 사용한다. '設'(설)은 '늘어놓다, 펴다, 설치하다, 차리다'를 뜻한다. '席'(석)은 '자리, 좌석' 또는 '자리의 차례'를 가리킨다. 그러므로 '肆筵設席'(사연설석)은 '자리를 펴고 그 위에 좌석을 정해 놓음'을 말한다.
2. '鼓'(고)는 '북', '두드리다, 타다'를 뜻한다. 여기에서는 '타다, 두드리다' 곧 '연주하다'를 뜻한다. '笙'(생)은 '생황, 저'라고 하는 피리의 일종이다.

궁중 의식에서 연회를 베풀 때 음악을 연주하는 정황을 묘사한 것이다.

쉬 어 가 기

緣木求魚(연목구어)

'緣木求魚'는 주지하듯이 '도저히 불가능한 일을 하려고 함'을 뜻하는 말로 쓰인다. 즉, 그릇된 방법으로 목적을 달성하고자 하는 것을 비유하는 말이다. 『孟子』(맹자)의 '梁惠王'(양혜왕)편에 나온다.

맹자는 왕에게 왕 노릇을 바르게 하는 방법을 설파한다. 왕의 所爲(소위)로는 천하를 통일하고자 하는 소망을 도저히 이룰 수가 없음을 깨우치면서, 왕의 정치가 '緣木而求魚'(연목구어)와 같다고 말한다. '而'는 앞 말을 강조하는 조사이다. 풀이하면 '나무를 좇아 물고기를 구하다〔찾다〕'가 된다. '좇다(연유하다)'를 뜻하는 '緣(연)'은 여기에서 '오르다'는 말을 대신하고 있다.

'緣+木'과 '求+魚'는 모두 술목관계이고, '緣木'은 의미상 '求魚'하는 방법을 설명하는 수식어이므로 '緣木+求魚'는 수식관계의 句(구)가 된다. '而'를 뺀 四字成語로 쓰여 왔다.

058 陞階納陛 弁轉疑星

음훈

陞(오를 승) **階**(섬돌 계) **納**(들일 납) **陛**(대궐 섬돌 폐)
弁(고깔 변) **轉**(구를 전) **疑**(의심할 의) **星**(별 성)

섬돌(계단)을 오르고 대궐 섬돌에 (발을) 들이는데, 고깔(고깔의 구슬)이 굴러서(흔들려서) 별인가 의심한다.

한 걸음 더

벼슬아치들이 섬돌에 올라 궁전에 들어갈 때 관(모자)의 구슬이 반짝반짝 흔들리는 모양을 형용한 말이다.

'階'(계)는 '섬돌' 곧 '층계, 계단'이다. '納'(납)은 '들이다, 바치다'를 뜻한다. 여기에서는 대궐로 들어가는 계단에 발을 들여놓음을 뜻한다. '弁'(변)은 '고깔' 즉 '관(모자)'이다. 이것이 구른다고 함은 모자에 달린 구슬이 흔들림을 가리켜 말한 것이다. 움직일 때마다 구슬들이 반짝이므로 '疑星'(의성)〔별인가 의심하다〕이라고 하여 하늘의 별들이 반짝

이는 것에 비유하였다.

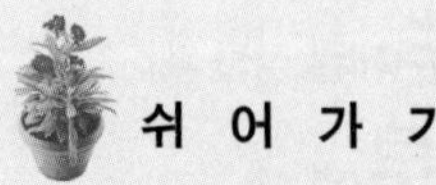

쉬 어 가 기

似而非(사이비)

세 단어로 구성되어 있는데 우리가 흔히 쓰는 굳어진 말이다. 자면 그대로 '비슷하지만(似) 아니다(非)'를 뜻한다. 다른 추상적인 뜻을 갖지 않는 성어이다. '而'(이)는 앞 말을 두드러지게 하는 조사일 뿐 어떤 의미관계를 나타내주는 말이 아니다. '而'를 쓰지 않는 경우가 많다. 그래서 이것이 쓰이건 쓰이지 않건 뜻은 같다. 다만 쓰면 앞 말이 강조된다. 한문에서 문맥관계를 표시하는 말은 필요조건이 아니다. 따라서 접속사는 없다고 보면 된다. '緣木而求魚'와 '似而非'에서 '而' 앞뒤 말의 관계가 서로 다르지만 똑같이 '而'를 사용하고 있다. 다른 관계 중에도 쓰인다. 빼고 번역해도 뜻은 달라지지 않는다. 전후 의미관계는 문맥에 의한다.

059 右通廣內 左達承明

음훈

右(오른쪽 우) **通**(통할 통) **廣**(넓을 광) **內**(안 내)
左(왼쪽 좌) **達**(이를 달) **承**(받들 승) **明**(밝을 명)

오른쪽은 '광내'(장서각)로 통하고,
왼쪽은 '승명'(승명전)에 이른다.

한 걸음 더

漢(한)나라 武帝(무제) 때의 藏書閣(장서각 : 책을 보관하는 곳)인 '廣內'(광내)가 正殿(정전)의 우측에 있고, 신하들이 거처하며 황제의 명을 받았던 곳인 '承明廬'(승명려)가 좌측에 있었음을 형용한 말이다. '承明'(승명)은 임금의 밝은 명을 받든다는 뜻으로 붙인 것 같다.

060 旣集墳典 亦聚群英

음훈

旣(이미 기) **集**(모을 집) **墳**(책 분) **典**(책 전)
亦(또 역) **聚**(모을 취) **群**(무리 군) **英**(영재 영)

이미 삼분(三墳)과 오전(五典)을 모았고,
또 뭇 영재들을 모았다.

한 걸음 더

1. '集'(집)은 '모으다, 모이다'를 뜻한다.
2. '墳'(분)은 여기에서는 책을 가리킨다. '墳'에는 무덤의 뜻도 있다.

'典'(전)도 여기에서는 책을 뜻한다. '古典'(고전), '經典'(경전)이라고 할 때의 그것이다. '법'의 뜻도 있다.

三墳(삼분)과 五典(오전)이라는 말이 있다. 三墳은 三皇(삼황) 즉 伏羲(복희)·神農(신농)·皇帝(황제)의 책을 이른다. 五典은 五帝(오제) 즉 少昊(소호)·顓頊(전욱)·高辛(고신)·唐堯(당요)·虞舜(우순) 등 다섯 제왕에 대해 기록한 책을 이른다.

그러므로 이 글에서의 '墳典'(분전)은 고대의 책들을 일컫는다.

3. '聚'(취)는 '모으다, 모이다'를 뜻한다. '英'(영)의 본뜻은 '꽃부리'이다. 여기에서는 '英才'(영재)를 뜻한다. 따라서 '群英'은 '뭇 영재, 영재의 무리'를 가리킨다.

윗글은 황제들이 장서와 인재들을 많이 모았다는 것을 말해주고 있다.

061 杜藁鍾隷 漆書壁經

음훈

杜(사람 이름자 두) **藁**(원고 고) **鍾**(사람 이름자 종)
隷(예서 예〔례〕)
漆(옻 칠) **書**(글씨 서) **壁**(벽 벽) **經**(경서 경)

두씨(杜度)의 원고와 종씨(鍾繇)의 예서,
칠 글씨와 벽속의 경서.

한 걸음 더

1. '杜'(두)는 성씨(姓氏)의 하나이다. '杜'의 일반 뜻은 '막다'이다. 여기에서의 '杜'씨는 후한(後漢) 때 초서(草書)체 글씨에 능했다는 '杜度'(두도)를 가리킨다.

   '藁'(고)는 본시 '볏짚'을 뜻하는데 여기에서는 원고를 뜻한다. 따라서 '杜藁'(두고)는 두도가 쓴 초서체 원고를 가리킨다. '藁'에는 '마르다'는 뜻도 있다. '稿'라고도 쓴다.

2. '鍾'(종)도 성씨의 하나이다. '鍾'씨는 삼국시대 위(魏)나라의 '鍾繇'(종요)를 가리킨다. '隷'(예, 례)는 서체 이름의 하

나인 예서(隸書)이다. 따라서 '鍾隸'(종예)는 종요가 쓴 예서체의 글씨를 가리킨다. '隸'에는 '종, 노예'의 뜻도 있다.

'鍾'의 본뜻은 '종, 쇠북'이다.

3. '漆'(칠)은 '옻칠'이다. '書'(서)는 '글씨, 글'이므로 '漆書'(칠서)는 대쪽에 옻칠로 쓴 글씨를 가리킨다.

4. '壁'(벽)은 '벽', '經'(경)은 '경서'이다. 그러므로 '壁經'(벽경)은 '벽속의 경서'를 뜻하는데, 前漢(전한) 때에 지금의 曲阜(곡부)에 있는 孔子(공자)의 옛집을 헐었더니 벽속에서 禮記(예기)·尙書(상서)·春秋(춘추)·論語(논어)·孝經(효경) 등의 경서가 나왔다고 한다.

'經'(경)은 본시 베를 짤 때의 날실(날줄), 즉 '날'을 뜻한다. 날실이 축이 되므로 경서를 비유하게 되었다.

062 府羅將相 路夾槐卿

음훈

府(관청 부) **羅**(늘어설 라) **將**(장수 장) **相**(재상 상)
路(길 노〔로〕) **夾**(낄 협) **槐**(느티나무 괴) **卿**(벼슬 경)

관부〔관청〕는 장군과 재상이 늘어서 있고, (조정의) 길은 느티나무〔3공의 좌석 표지〕와 경〔9경의 좌석 표지인 멧대추나무를 대신하여 일컬음〕을 끼고 있다〔→느티나무와 멧대추나무 사이에 끼어 있다〕.

한 걸음 더

1. '府'(부)는 '곳집'(문서 또는 재화를 넣어 두는 창고), '마을, 관부'(재화를 맡은 관청)를 뜻한다. 여기서는 황제가 있는 수도의 관부를 가리킨다.

'羅'(라)는 '늘어서다, 벌여 있다(벌이다)'를 뜻한다. 그 밖에 '그물, 그물질하다', '비단' 등의 뜻이 있다.

'將'(장)은 '장수, 장군'이며, '相'(상)은 '재상'이다. '將'에는 '거느리다', '장차'의 등의 뜻도 있고, '相'에는 '서로',

'보다' 등의 뜻도 있다.

2. '路'(노, 로)는 여기에서 조정의 길을 가리킨다. 周(주)나라 때 조정 길의 왼쪽에 '槐'(괴) 즉 '느티나무'(홰나무, 회화나무) 세 그루를 심어 三公(삼공: 태사〔太師〕, 태부〔太傅〕, 태보〔太保〕)이 이를 향하여 앉도록 했다고 한다. 오른쪽에는 '棘'(극) 즉 '멧대추나무'를 심어서 九卿(구경)의 좌석 표지로 삼았다고 한다. 그래서 三公과 九卿을 '槐棘'(괴극)으로 칭하기도 했다. 三公은 가장 높은 벼슬이다. 九卿은 아홉 사람의 장관급 벼슬아치이다.

여기에서는 글자 수의 제약으로 말미암아 나무인 '槐'와 짝하여 벼슬 이름인 '卿'을 사용했다. 즉 '卿'으로 '멧대추나무'를 가리킨 것이다.

'夾'은 '挾' 또는 '俠'으로도 쓴다. '끼다, 끼어 있다'를 뜻한다.

063 戶封八縣 家給千兵

음훈

戶(집 호) **封**(봉할 봉) **八**(여덟 팔) **縣**(고을 현)
家(집 가) **給**(줄 급) **千**(일천 천) **兵**(군사 병)

(귀족과 친척의) 집은 여덟 현으로 봉하고,
(공신의) 집〔가문〕은 일 천 명의 병사를 주었다.

한 걸음 더

1. '戶'(호)는 '지게문' 또는 '집'(문의 수로 집 수를 헤아리므로)을 가리킨다. 그래서 '民戶'(민호), '戶口'(호구)는 '家口'(가구)를 뜻한다.
2. '封'(봉)은 본시 '봉하다' 즉 '토지를 주어 제후를 삼는다'를 뜻한다. '縣'(현)은 행정 구역 단위이다. 漢(한)나라의 高祖(고조) 劉邦(유방)은 천하를 평정한 뒤 귀족과 친척들에게 여덟 현의 民戶를 봉했다고 한다.
3. '家'(가)는 집이다. '家'가 가리키는 범위는 넓다. 여기서는 功臣(공신)의 집, 즉 공신의 가문을 가리킨다. '千兵'(천병)

을 주었다 함은 많은 군사를 거느리게 했음을 말한다.

쉬 어 가 기

見利思義(견리사의)

구조 : '見+利', '思+義'는 모두 술목관계이고, '見利+思義'는 수식관계이다.

해설 : 이로운 것이 보이면(이로울 것을 보면) 옳은가를 생각한다 — 눈앞에 이익이 보일 때 먼저 의리를 생각함을 뜻하는 말이다.

曲學阿世(곡학아세)

구조 : '曲+學'과 '阿+世'는 모두 술목관계이고, '曲學+阿世'는 수식관계이다.

해설 : 배운 것을 구부려서(굽혀서) 세상에 아첨한다 — 바른 길에서 벗어난 학문으로 (자기의 출세를 위하여) 세상 사람들에게 아첨함을 뜻하는 말이다.

064 高冠陪輦 驅轂振纓

음훈

高(높을 고) **冠**(갓 관) **陪**(모실 배) **輦**(손수레 련)
驅(몰 구) **轂**(바퀴 곡) **振**(흔들릴 진) **纓**(갓끈 영)

높은 모자(높은 모자를 쓴 사람)가 수레를 모시는데, 수레바퀴를(수레를) 모니 갓끈이 흔들린다.

한 걸음 더

천자의 출행을 고관들이 모시는 위세 있는 모습을 형용한 말이다.

'高冠'(높은 갓〔관, 모자〕)이니 높은 모자를 쓴 사람, 즉 높은 문관 벼슬아치를 가리킨다. '陪'(배)는 '모시다' 즉 '수행하다'는 뜻이다. '輦'(련)은 천자가 탄 수레이다. '수레를 모신다' 함은 곧 '천자를 모신다'는 것과 같다.

'驅轂'(구곡)은 '수레바퀴를 몰다'이니 결국 수레를 몬다는 뜻이다. '振'은 '떨치다' 즉 '흔들리다, 진동하다, 움직이다'를 뜻한다. 수행하는 관리들의 갓끈이 힘 있게 흔들림을 묘사하였다.

쉬 어 가 기

甘言利說(감언이설)

구조 : '甘 + 言'과 '利 + 說'은 모두 수식관계이고, '甘言 + 利說'은 연합관계이다.

해설 : 달콤한 말과 이로운 말 — 남의 비위에 맞게 꾸민 달콤한 말과 이로운 조건을 내세워 꾀는 말을 뜻한다.

巧言令色(교언영색)

구조 : '巧 + 言'과 '令 + 色'은 모두 수식관계이고, '巧言 + 令色'은 연합관계이다.

해설 : 교묘한 말과 고운(곱게 꾸민) 낯빛 — 남의 환심을 사려고 아첨하는 교묘한 말과 보기 좋게 꾸미는 얼굴빛.

065 世祿侈富 車駕肥輕

음훈

世(세대 세) 祿(봉록 록) 侈(많을 치) 富(넉넉할 부)
車(수레 거) 駕(탈것 가) 肥(살찔 비) 輕(가벼울 경)

세세의〔대대로 물려받은〕 봉록은 많고 넉넉하며, 거가〔탈것의 형세〕는 (수레에 맨 말은) 살찌고 (입은 가죽 옷은) 가볍다.

한 걸음 더

공신들의 넉넉한 생활을 묘사한 말이다.

1. '世'(세)는 '세대'를 뜻하여 여기에서는 '世世' 즉 '代代'를 가리킨다. 대대로 녹봉을 물려받음을 말하고 있다. '世'는 '세상'(사람 사이, 즉 '人間')의 뜻도 갖는다.

'祿'(녹, 록)은 '복', '녹봉' 등을 뜻한다.

'侈'(치)는 '많다, 사치스럽다, 크다, 오만하다' 등을 뜻한다.

'富'(부)는 '넉넉하다, 풍부하다, 부유하다' 등으로 풀이

된다. '부', '부자'를 나타내기도 한다.

2. '車駕'(거가)는 '말을 맨 수레'이다. 여기에서는 공신들이 탄 수레와 그들의 형색을 말하고 있다. '肥'는 수레에 맨 말이 살이 쪄서 통통함을 가리키고 '輕'(경)은 수레를 탄 공신들의 가벼운 가죽 옷 차림을 가리킨다. '輕'을 말 등에 입힌 가죽 안장이 가볍다는 것으로 보아도 뜻은 통한다.

066 策功茂實 勒碑刻銘

음훈

策(꾀 책) **功**(공 공) **茂**(무성할 무) **實**(열매 많을 실)
勒(새길 륵) **碑**(비석 비) **刻**(새길 각) **銘**(새긴 글 명)

꾀(책략)와 공(공훈)이 무성하고 (그) 열매가 많아서 비석에 새겨지고 명문으로 새겨졌다.

한 걸음 더

황제를 보필한 재사들의 뛰어난 책략과 공훈을 금석(金石)에 새겨 후세에 전하였음을 말하고 있다.

1. '策'(책)은 여기에서는 '꾀'(책략)을 뜻하는데, '채찍'과 '이어 짠 대쪽' 등의 뜻도 갖는다.

'茂'(무)는 '무성하다, 성하다, 빼어나다' 등의 뜻을 갖는다. '實'(실)은 '씨, 속, 열매(결실)', '열매가 많다', '참(참으로)' 등의 뜻을 갖는다. 여기서는 '열매가(결실이) 많다'를 뜻한다.

2. '勒'(륵, 늑)에는 '새기다' 외에 '굴레'의 뜻도 있다. '銘'

(명)은 기물(器物)에 새긴 글이다. '기물에 새기다'를 뜻하기도 한다.

주(周)나라 때에는 청동(靑銅)의 종정(鐘鼎: 종과 솥) 또는 다른 기물에 공덕 등을 새겼다.

쉬 어 가 기

管鮑之交(관포지교)

구조 : '管+鮑'는 연합관계이다. '管鮑+交'는 수식관계이다.

해설 : 관중과 포숙의 사귐(교제) ── 매우 친한 사이의 사귐을 뜻한다.

옛 중국 제(齊)나라의 관중(管仲)이 포숙(鮑叔)과 함께 장사할 때 이익을 많이 가져도 포숙이 욕심 많다고 여기지 않았고, 일을 도모하다가 곤궁해져도 어리석다 여기지 않았으며, 세 번 벼슬하였다가 세 번 쫓겨나도 못났다고 하지 않았고, 싸우다 세 번 도망갔으나 포숙은 관중을 겁쟁이 라고 여기지 않았다. 관중이 말하기를, "나를 낳아준 이는 부모요, 나를 알아준 이는 포숙이다."라고 하였다.

067 磻溪伊尹 佐時阿衡

음훈

磻(냇물 이름 반) **溪**(시내 계) **伊**(사람 이름자 이)
尹(사람 이름자 윤)
佐(도울 좌) **時**(때 시) **阿**(사람 이름자 아) **衡**(사람 이름자 형)

반계의 여상(呂尙, 太公望)과 이윤은 (어려운) 때를 도우니 (이윤 같은 사람은) 아형이라 불렸다.

한 걸음 더

상(商=殷)나라 탕왕(湯王)과 주(周)나라 문왕(文王)이 모두 현능한 신하를 만나 천하를 얻었음을 말하고 있다.

1. '磻溪'(반계)는 뒷날 주(周)나라 문왕(文王)과 무왕(武王)을 도운 여상(呂尙)이 낚시질 하던 곳이라는 전설이 있다. 여상은 태공(太公)인 문왕이 바라던 사람이었다고 해서 '태공망(太公望)'이라고도 한다.

'磻溪'는 '황하'(璜河)라고도 일컫는데, 섬서성(陝西省) 보계시(寶鷄市)의 동남쪽 남산(南山)에서 나와 북쪽의 위수

(渭水)로 흘러 들어가는 냇물이다.

이윤(伊尹)은 이름을 그대로 썼고, 여상(呂尙)은 그가 낚시질을 했다는 연고지인 '磻溪'(반계)라는 지명을 써서 나타냈다. 한문에서 자주 볼 수 있는 표현법이다. 일종의 수사법이라고 할 수 있는데, 천자문에서는 1천자를 한 글자도 중복해서 쓰지 않았으니 이러한 표현법이 두드러질 수밖에 없다. 여러 곳에서 이와 유사한 압축이 보인다. 특히 인물을 나타낼 때 그러하다. 이러한 부분이 천자문을 어렵게 여기도록 한 부분이기는 하지만 한문이라는 언어나 문자인 한자가 어려워서인 것은 아니다.

2. '伊'(이)는 여기에서는 사람의 이름자인데, 본뜻은 '저'이다. '尹'(윤)도 여기에서는 사람 이름자인데, 본뜻은 '다스리다'이다.

이윤(伊尹)은 상(商)나라 탕(湯)왕 때의 재상이다. 그의 도움으로 하(夏)나라의 걸(桀)을 치고 상나라를 세웠다. 탕왕이 그를 '阿衡'(아형)이라고 불러 존중하였는데, '阿'의 '의지하다'는 뜻을 취하고 '衡'의 '평정하다'는 뜻을 취한 것이다. 그를 의지하여 천하를 평정했음을 나타내고자 한 칭호이다.

'阿'는 '언덕', '의지하다' 등의 뜻을 갖는다. '衡'은 '저울대', '저울질하다' 등의 뜻을 갖는다.

068 奄宅曲阜 微旦孰營

음훈

奄(문득 엄) **宅**(자리잡을 택) **曲**(땅 이름자 곡)
阜(땅 이름자 부)
微(없을 미) **旦**(사람이름 단) **孰**(어느 숙) **營**(경영할 영)

(노〔魯〕를 봉지로 받아) 문득 곡부에 자리 잡았다 (곡부를 택지로 삼았다).
(주공〔周公〕) 단이 없었다면 어느 누가 경영하였겠는가?

한 걸음 더

주공(周公)이 나라에 끼친 공을 찬양한 말이다.

1. 주공은 노(魯)나라 땅을 봉지(封地)로 받았다. 곡부(曲阜)는 노의 도읍지이다. 여기에서 '奄'(엄)은 '문득, 갑자기'의 뜻으로 본다. '宅'(택)은 여기에서 '자리잡다, 거주하다, 택지로 삼다'를 뜻한다. 주공이 노를 봉지로 받아 곡부에 거주하였음을 말하고 있다.

'굽다'를 뜻하는 '曲'과 '언덕'을 뜻하는 '阜'는 여기에서 지명자로 쓰였다

'奄'에는 '가리다, 덮다'는 뜻도 있어서 '宅'을 '택지, 저택, 머무는 곳'으로 보면 '곡부에서 저택을 가리다'가 되어 역시 곡부에 거주하였음을 나타낼 수는 있으나 다소 어색하다. 굳이 그렇게 보아야 한다면 '奄'의 '가리다'는 '짓다'를 대신하는 말로 여겨야 할 것이다. 즉, '저택을 짓다'를 뜻하는 것이 된다.

주공은 무왕(武王)의 아우이다. 무왕의 아들인 어린 조카 성왕(成王)을 도와 나라의 제도를 정비하고 도읍을 낙양(洛陽)으로 옮겨 주나라를 탄탄하게 만들었다.

2. '微'(미)는 여기에서 '없다'를 뜻한다. 앞에서도 말했듯이 '無'의 의미를 갖는 글자들이 여럿 있다. '莫(막), 勿(물), 毋(무), 靡(미)' 등이 그것이다. '旦'(단)은 주공의 이름이다. 주 황실의 성은 '姬'(희)이다. '微旦'은 '단이 없었다면'을 뜻한다. 바꾸어 말하면 '단이 아니었다면'이 된다.

'微'에는 '작다, 미약하다'는 뜻도 있다. '旦'의 본뜻은 '아침'이다.

'孰'(숙)은 사람이건 사물이건 여러 가운데 '어느'를 뜻한다. 여기에서는 사람이므로 문맥상 '어느 누가'를 뜻하게 된다. 그냥 '누구'라고 할 때는 '誰'(수)를 쓴다. '營'(영)은

'경영하다, 재다'이니 '왕업을 경영함(운영함)'을 뜻한다. '어느 누가 경영하였겠는가'는 곧 주공이 없었다면 어린 조카가 왕의 역할을 잘 하지 못했을 것이라는 말이다.

쉬 어 가 기

青出於藍(청출어람)

구조 : '青+出'은 주술관계, '出於藍'은 술목관계이다. '於'는 뒷말을 강조하는 조사이다. 그러므로 '青(주어)+出(술어)+藍(목적어)'의 결합이다.

해설 : 푸른빛은(청색은) 쪽에서 나왔다 — 이 말의 뒤에는 '青於藍'(쪽보다 푸르다)이 생략되어 있다. 출전에는 '青出於藍而青於藍'(푸른빛은 쪽에서 나왔지만 쪽보다 푸르다)이라 되어 있는데, '青出於藍'만으로 이 뜻을 나타내는 성어가 되었다. 쪽에서 나온 물감이 쪽보다도 더 푸르다는 뜻으로, 제자가 스승보다 뛰어남을 나타낼 때 쓴다.

069 桓公匡合 濟弱扶傾

음훈

桓(사람이름 환) **公**(제후 호칭 공) **匡**(바로잡을 광)
合(합할 합)
濟(건질 제) **弱**(약할 약) **扶**(붙들 부) **傾**(기울 경)

(제〔齊〕나라의) 환공은 (천하를) 바로잡고 (제후들을) 규합하였으며,
약한 것을 건지고(구제하고) 기울어지는 것을 붙들었다(도왔다).

한 걸음 더

춘추시대(春秋時代: 주〔周〕나라 평왕〔平王〕의 동천〔東遷〕부터 위열왕〔威烈王〕까지의 280년간)의 제후의 한 사람인 제(齊)나라의 환공(桓公)이 패자(霸者)가 되었을 때 이룬 공을 말하고 있다. 춘추시대는 周나라는 명맥만 유지한 반면 강성해진 제후들이 독립해서 서로 싸우던 시기이다.

1. 환공은 이름이 소백(小白)이고 환(桓)은 시호이다. '桓'에는

'굳세다'는 뜻이 있다. '公'은 제후의 작위인 '公 · 侯 · 伯 · 子 · 男' 가운데 가장 높다. '侯'(후)를 가지고 여러 급의 제후를 통칭하여 '諸侯'(제후)라 하였다. 본시 '여러 侯'를 뜻한다. '公'의 본뜻은 '공변되다, 공평하다'이다.

춘추시대는 오래도록 제후들이 맹주가 되었다. 管仲(관중)을 재상으로 삼아 패업을 이루었으며, 周(주) 황실을 존중하였다.

춘추시대의 다섯 패자인 이른바 '五霸'(오패)에는 桓公 외에 진(晉)나라의 文公(문공), 진(秦)나라의 穆公(목공), 송(宋)나라의 襄公(양공), 초(楚)나라의 莊王(장왕) 등이 있다.

여러 제후들이 '왕(王)'을 참칭하였다.

'匡合'은 '九合諸侯, 一匡天下'(아홉 번 제후를 규합하고, 한 번 천하를 바로잡았다)한 것을 줄여서 한 말이다.

2. '濟'(제)는 '건너다, 건지다(구제하다)'이다. '扶'(부)는 '붙들다, 돕다, 지원하다'이다. '濟弱扶傾'은 약하여 기울어져 가는 나라를 구제하고 도왔음을 말한다.

070 綺回漢惠 說感武丁

음훈

綺(사람 이름자 기) **回**(되돌릴 회) **漢**(나라 이름 한)
惠(임금 호칭 혜)
說(사람 이름자 열) **感**(느낄 감) **武**(사람 이름자 무)
丁(사람 이름자 정)

기리계(綺里季)는 한나라 혜제(惠帝)를 (태자의 자리에) 되돌리고,
부열(傅說)은 무정(武丁) 임금에게 감은하였다.

한 걸음 더

1. '綺'(기)는 '기리계'라는 사람을 가리킨다. '비단'의 뜻을 갖는 글자인데, 여기에서는 綺里(기리)라는 지명 중에 쓰였으며, 여기에 그의 字(자)인 季(계)를 합하여 기리계라고 불렀다. 이름은 暉(휘)이다. 秦(진)나라 말기 혼란기에 은거했다가 漢(한)나라 高祖(고조: 劉邦) 때에 張良(장량)의 천거로 등용되었다. 혜제가 태자였을 때 그 자리에서 쫓겨날 뻔 했

는데 태자의 자리를 다시 되돌리는(회복시키는) 데 공헌한 사람 중 하나이다.

'綺'의 본뜻은 '무늬가 있는 비단'이다.

'回'(회)는 '돌다, 돌리다'와 관련되는 여러 뜻을 나타낸다.

'漢'(한)은 물 이름으로 漢水(한수)를 가리킨다. 劉邦이 나라를 세우고 국호를 '漢'이라 하였다.

'惠'(혜)의 본뜻은 '은혜', '은혜롭다' 등이다. 여기에서는 왕의 시호(諡號)로 쓰인 글자로서 惠帝를 가리킨다.

2. '說'은 '설'(말씀), '열'(기뻐하다), '세'(유세하다) 등 세 가지 음을 갖는다. '열'로 읽을 때는 뜻이 '悅'(열)과 같다. 여기에서는 傅說(부열)이라는 사람의 이름자로 쓰였다.

傅說은 殷(은)나라 때 사람이다. 尙(상)나라가 제17대 盤庚(반경) 임금 때 殷으로 도읍을 옮겼다(1401 B.C). 반경의 손자인 武丁 임금 때 현능한 신하를 얻는 꿈을 꾸고 부열을 찾아 재상으로 삼았다고 한다. 부열은 그에 감응하여 殷을 부흥시켰다. 그러므로 '感'(감)은 '感恩(감은)하다'로 풀이할 수 있다. (武丁을) '감동시키다'로 풀이해도 무방하다.

'武'(무)의 본뜻은 '무인', '굳세다' 등이다. 즉, '文武'(문무)라 할 때의 그것이다. '丁'(정)은 네 번째 天干을 뜻하기도 하며, '사나이'를 뜻하기도 한다. '壯丁'(장정: 장년의 남자, 젊은이)이 그 예이다.

071 俊乂密勿 多士寔寧

음훈

俊(빼어날 준) **乂**(어질 예) **密**(빽빽할 밀) **勿**(바쁠 물)
多(많을 다) **士**(선비 사) **寔**(진실로 식) **寧**(편안할 녕)

> 빼어나고 어진 사람(현재)들이 (시간적으로) 빽빽하게 바쁘고,
> 선비(재사)들이 많아서 진실로 편안하다.

한 걸음 더

1. '俊'(준)은 '빼어나다, 뛰어나다', '준걸' 등의 뜻을 갖는다.

'乂'(예)는 '어질다(현능하다)', '어진 이(현능한 사람)' 등을 뜻한다.

'密'(밀)은 '빽빽하다, 촘촘하다, 꼼꼼하다'를 뜻한다. 여기에서는 나랏일에 힘쓰느라 시간적으로 빽빽하다는 뜻이다. 곧 '분주하다, 바쁘다'는 뜻이 된다.

'勿'(물)은 '바쁘다'는 뜻이다. '密'도 결국 바쁨을 뜻하니 '密勿'은 제왕의 곁에서 일에 힘쓰느라 바쁘다는 것을 의

미한다.

'勿'은 '無'(무)와 같이 '없다'는 뜻으로 쓰이는 경우가 많다. 앞에서 설명한 바 있듯이, 이 경우는 문맥상 금지를 나타내는 경우가 많아서 흔히 '말라'라고 새기는데, '~할 것이 없다'라고 하면 된다. 의미상 금지를 나타내는 부사가 아니라 뒷말을 목적어로 취하는 동사성을 지니기 때문이다. 예를 들면 '非禮勿聽'(비례물청)은 '예가 아니면 들을 것이 없다'라고 새기면 된다. 굳이 '듣지 말라'라고 할 필요가 없다. 중립적인 표현으로 문맥상 금지를 나타내고 있는 것이다.

2. '多士'(다사)는 '술어+목적어' 결합의 한 가지이다. 흔히 '선비'라고 포괄적으로 뜻을 새기는 '士'(사)는 여기에서 '재사, 인재'를 뜻한다.

'寔'(식)은 옛날 발음이 같았기 때문에 '實'(실)과 통할 때가 있고, '是'(시)와 통할 때도 있다. 전자의 경우는 '진실로, 참으로'를 뜻하고, 후자의 경우는 '이', '이에'를 뜻한다. '寧'(녕)은 '편안하다'이니 '寔寧'은 '진실로 편안하다'로 보아도 되고, '이에(그래서) 편안하다'고 보아도 문맥이 통한다. '寧'(녕)에는 '차라리', '어찌' 등의 뜻도 있다.

072 晉楚更覇 趙魏困橫

◆ 음훈

晉(나라 이름 진) **楚**(나라 이름 초) **更**(바꿀 경)
覇(패자가 될 패)
趙(나라 이름 조) **魏**(나라 이름 위) **困**(곤궁할 곤)
橫(가로 횡)

진나라와 초나라는 바꿔가면서(번갈아) 패자가 되고,
(진[秦]나라와 가까이 위치한) 조나라와 위나라는 (장의[張儀]의) 연횡책으로 곤궁해졌다(곤란에 빠졌다).

◆ 한 걸음 더

1. 앞의 네 글자는 春秋時代(춘추시대) 때 晉(=晋)나라의 文公(문공)이 제후들 가운데 패자가 되고, 뒤 이어 楚나라의 莊王(장왕)이 패자가 되었던 사실을 말하고 있다.

晉나라의 문공은 이름이 重耳(중이)이다. 齊(제)나라의 桓

公(환공)을 이어 제후들의 맹주가 되었다.

2. 뒤의 네 글자는 戰國時代(전국시대)의 일을 말한 것이다. 전국시대는 晉나라가 韓(한)·魏(위)·趙(조)로 삼분(三分)된 때부터 秦(진)나라가 통일할 때까지의 동란기를 일컫는다.

張儀(장의)는 魏(위)나라 사람으로서 連橫說(연횡설)을 주창하였다. 연횡설은 서쪽의 강대한 秦나라의 동쪽에 있던 여섯 나라, 즉 楚(초)·燕(연)·齊(제)·韓(한)·魏(위)·趙(조)가 횡(가로)으로 연합하여 秦나라를 섬겨야 한다는 정책이다.

반면에 낙양 사람인 蘇秦(소진)은 여섯 나라가 동맹하여 秦나라에 대항해야 한다는 合從說(합종설)을 주창하였다. 당시 6국은 소진의 합종설을 따랐었다. 그러므로 秦나라에 가장 가까이 있던 趙나라와 魏나라가 장의의 연횡책 때문에 곤란을 겪었다.

073 假途滅虢 踐土會盟

음훈

假(빌릴 가) **途**(길 도) **滅**(멸할 멸) **虢**(나라이름 괵)
踐(땅이름자 천) **土**(땅이름자 토) **會**(모일 회) **盟**(동맹할 맹)

길을 빌려 괵(虢)나라를 멸하고
천토(踐土)에 모여서 동맹을 맺었다.

한 걸음 더

윗글의 전단은 다음 이야기를 두고 한 말이다.

괵나라는 춘추시대의 작은 나라이다. 진(晉)나라 헌공 때 괵나라를 멸하고자 우(虞)나라 군주를 꾀어 괵나라로 진군할 수 있는 길을 빌렸다. 진나라는 괵나라를 멸망시키고 돌아오는 길에 우나라까지 쳐버렸다. 이를 두고 후대에 순망치한(脣亡齒寒)〔입술이 없으면 이가 시리다〕이라고 하였다. 괵나라가 없어지면 우나라가 위태로워진다는 것을 몰랐던 것이다.

후단은 진(晉)나라 문공 때의 일을 말한 것이다.

진 문공은 정(鄭)나라 땅인 천토(踐土)라는 곳에서 제후들과 회맹하였다. 회맹(會盟)이란 글자 그대로 모여서 동맹을 맺는 것을 이른다. 춘추시대에 많았다.

1. '假'(가)에는 '거짓'이라는 뜻도 있다.
2. '踐土'는 지명이기에 음훈에서는 위와 같이 새겼다. '踐'(천)자의 본뜻은 '밟다'이다. '土'(토)는 '흙', '땅'이다.
3. '盟'(맹)은 '맹세'와 관련된 모든 뜻을 나타낸다. 동맹(맹약)을 맺는다는 것도 곧 서로 맹세를 하는 것이다. '會盟'(회맹)의 '盟'이 그것이다. 즉, 모여서 맹세(서약)했음을 말한다.

074 何遵約法 韓弊煩刑

음훈

何(사람 이름자 하) **遵**(좇을 준) **約**(간략할 약) **法**(법 법)
韓(사람 이름자 한) **弊**(피폐할 폐) **煩**(번거로울 번)
刑(형벌 형)

소하는 간략한 법을 좇게(준수하게) 하였으며, 한비〔한비자〕는 번거로운 형벌로 (백성들을) 피폐하게 하였다.

한 걸음 더

소하(蕭何)는 한(漢)나라 때 개국공신의 한 사람이다. 대부분의 율령을 소하가 제정하였는데, 법이 매우 간소하여 '約法'(약법)이라고 하였다. 살인자는 죽이고 사람을 다치게 한 자와 도적질을 한 자는 벌을 준다는 세 가지였다고 한다.

반대로 앞 시대인 진(秦)나라 때의 한비(韓非)〔한비자(韓非子)〕는 번거롭고 엄한 형벌을 시행하여 백성들을 피폐케 하였고, 분서갱유(焚書坑儒) 등을 저질러 진나라가 통일한지

15년 만에 망하게 하고 말았다.

1. ‘何’(하)는 ‘무엇, 무슨(어떤), 뭐로(어떻게, 어찌, 왜)’ 등으로 풀이되는 뜻을 갖는다. 여기에서는 ‘蕭何’의 이름자로 쓰였다.
2. ‘約’(약)은 ‘간략하다, 묶다’는 뜻 외에 ‘약속’ 등의 뜻을 갖는다.
3. ‘韓’(한)은 나라 이름이나 사람의 성으로 쓰인다. 한비자(韓非子)는 이름이 ‘韓非’이다. 그의 성이 ‘韓’인 것이다.
4. ‘弊’는 ‘피폐하다, 헤지다’를 비롯하여 ‘무너지다’ 등을 뜻한다.

   ‘弊煩刑’은 ‘번거로운 형벌로 피폐해졌다’로 번역할 수도 있다.

075 起翦頗牧 用軍最精

음훈

起(사람 이름자 기) **翦**(사람 이름자 전) **頗**(사람 이름자 파) **牧**(사람 이름자 목)

用(쓸 용) **軍**(군사 군) **最**(가장 최) **精**(정밀할 정)

백기, 왕전, 염파, 이목은 군사를 쓰는 것이 (용병술이) 가장 정밀하였다.

한 걸음 더

네 사람은 모두 전국시대(戰國時代)의 명장이다.

1. '起'(기)는 백기(白起)를 가리킨다. 백기는 진(秦)의 장수로 용병에 능하여 조(趙)나라를 정복할 때 큰 공을 세웠다.
2. '翦'(전)은 왕전(王翦)이다. 왕전 역시 진(秦)나라의 명장이다. 진시황을 보좌하여 진나라가 통일을 하는 데 많은 공을 세웠다.
3. '頗'(파)는 '廉頗'(염파)이다. 그는 조(趙)나라의 명장이다. 제(齊)나라를 토벌하기도 하였다. 藺相如(인상여)와 더불어

패망할 때까지 진(秦)나라에 대항하였다.

4. '牧'(목)은 '李牧'(이목)이다. 이목도 조(趙)나라의 명장이다. 흉노를 대파하여 오랫동안 다시 침범하지 못하게 하였으며, 秦(진)나라 군대를 대파한 공으로 武安君(무안군)에 봉해졌다.

'起'(기)의 본뜻은 '일어나다'이다.

'翦'(전)의 본뜻은 '자르다'이다.

'頗'(파)의 본뜻은 '자못, 꽤'이다.

'牧'(목)의 본뜻은 '치다, 기르다'이다.

076 宣威沙漠 馳譽丹青

음훈

宣(펼 선) **威**(위세 위) **沙**(모래 사) **漠**(아득할 막)
馳(달릴 치) **譽**(명예 예) **丹**(붉을 단) **靑**(푸를 청)

사막(사막이 있는 변방)에까지 위세를 펴서, 단청(붉고 푸른 물감으로 그린 그림)으로 명예를 (후세에까지) 달리게(전해지게) 하였다.

한 걸음 더

1. '宣'(선)은 '펴다, 베풀다' 등으로 새긴다. 무장들의 위세가 이민족들이 사는 변방 지역에까지 떨쳤음을 뜻한다.

   '威'(위)는 '위세, 위엄' 등으로 뜻을 새긴다.

   '沙漠'(사막)은 문자 그대로 모래벌판이 펼쳐지는 아득히 먼 곳을 가리킨다.

2. '馳'(치)는 '달리다, 달리게 하다' 등으로 새긴다. 앞에서 말한 무장들의 공훈이 시간적으로 후대에까지 전해졌음을 뜻한다.

'譽'(예)는 '명예, 자랑거리', '기리다, 칭찬하다, 자랑하다' 등으로 새긴다.

'丹'(단)은 본시 '丹砂'(단사)〔'朱砂'(주사)라고도 함〕을 뜻한다. 수은과 유황이 결합하여 만들어진 천연 광물이다. 붉은 염료로 쓰인다. 여기에서는 '붉은 빛'을 뜻한다. '靑'(청)은 '푸른 빛'이니 '丹靑'은 붉은색과 푸른색 또는 이들 두 색으로 그린 그림을 뜻한다. 여기에서는 후자인 '붉은색과 푸른색의 그림'이다. 공신들의 초상화를 붉은색과 푸른색으로 그려 후세에까지 명성이 전해지게 하였음을 말하고 있다.

077 九州禹跡 百郡秦幷

음훈

九(아홉 구) **州**(고을 주) **禹**(하우씨 우) **跡**(자취 적)
百(일백 백) **郡**(고을 군) **秦**(나라이름 진) **幷**(아우를 병)

구주(아홉 개의 주)는 우임금의 발자취이며, 백군(백 개의 군)은 진나라가 아울러 가졌다(병탄했다).

한 걸음 더

1. '九州'(구주)는 고대에 중국 땅을 나눈 이름이다. 堯(요)·舜(순)·禹(우) 임금 때는 기(冀)·연(兗)·청(靑)·서(徐)·형(荊)·양(揚)·예(豫)·양(梁)·옹(雝) 등의 아홉이었다.

'禹'(우)는 우임금을 가리킨다. 夏(하)나라를 개국한 임금이라고 해서 '夏禹'(하우)라고도 한다. '禹跡'(우적)은 '우임금(하우씨)의 (발)자취'이다. 우임금이 치수(治水: 홍수를 다스렸음)할 때 구주에 두루 발을 들여놓았음을 말하고 있다.

2. 진시황은 6국을 병탄하여 천하를 통일한 후, 다시 백 개의 '郡'(군)을 설치하여 다스렸다. '秦幷'〔진나라가 병탄했다(아울러 가졌다)〕은 이를 말한 것이다.

쉬 어 가 기

白眉(백미)

자면 그대로는 '흰 눈썹'인데, 여럿 가운데서 가장 빼어난 사람 또는 사물을 가리킨다. 옛 중국의 촉한(蜀漢) 사람인 마량(馬良)의 다섯 형제가 다 재주가 있었는데 그중에도 눈썹 속에 흰 털이 난 마량이 가장 뛰어났다고 한다. 그래서 여럿 중에 가장 뛰어난 사람이나 물건의 비유하는 데 '白眉'라는 말을 쓰게 된 것이다.

078 嶽宗恒岱 禪主云亭

음훈

嶽(큰 산 악) **宗**(마루 종) **恒**(산 이름 항) **岱**(산 이름 대)
禪(선 제사 선) **主**(중심 삼을 주) **云**(산 이름자 운)
亭(산 이름자 정)

큰 산은 항산과 대산(=태산)을 마루로 삼고, 선 제사는 운운산과 정정산을 중심으로 삼았다.

한 걸음 더

1. '嶽'(악)은 큰 산을 가리킨다.

'宗'(종)은 '마루, 조종', '마루(중심, 바탕)로 삼다, 조종으로 삼다'를 뜻한다.

'恒'(항)의 본뜻은 '항상'이다. 여기에서는 중국의 五嶽(오악)의 하나인 '恒山'을 가리킨다.

오악은 동쪽 산동성(山東省) 태안시(泰安市)에 있는 태산(泰山, 1532.8m), 남쪽 호남성(湖南省) 중부의 형산(衡山,

1290m), 서쪽 섬서성(陝西省) 화양시(華陽市)에 있는 화산(華山, 2160m), 북쪽 산서성(山西省) 혼원현(渾源縣)에 있는 항산(恒山, 2017m), 중앙 하남성(河南省) 등봉시(登封市)에 있는 숭산(嵩山, 1440m의 太室山〔태실산〕과 1512m의 少室山〔소실산〕으로 구성됨) 등 다섯을 일컫는다.

'岱'(대)는 고대에 泰山(태산)을 일컬었던 이름이다. '대산'(岱山) 또는 '대종'(岱宗)이라 하였다. 춘추시대에 이르러 '泰山'으로 개칭하였다고 한다.

2. '禪'(선)은 제사 이름이다. 제왕들이 하늘에 지냈던 제사를 '封'(봉)이라 하고 땅(지신)에 지냈던 제사를 '선'(禪)이라 한다. 이 둘을 합쳐서 '封禪(祭)'라 한다.

'封'제는 주로 泰山에서 지냈다고 한다. 앞 구절은 봉제를 지낼 큰 산으로 항산과 대산을 꼽았음을 말한 것 같다.

'禪'제는 云云山(운운산)과 亭亭山(정정산)에서 지냈다. '云'은 본시 '구름', '이르다(말하다)'를 뜻하는데 여기에서는 운운산의 약칭으로 쓰였다. '亭'은 '정자'를 뜻하는데 여기에서는 정정산의 약칭으로 쓰였다.

'主'(주)는 '주인, 중심', '중심 삼다, 위주로 하다, 주인으로 삼다' 등으로 새긴다.

079 雁門紫塞 雞田赤城

음훈

雁(땅 이름자 안) **門**(땅 이름자 문) **紫**(땅 이름자 자)
塞(땅 이름자 새)
雞(땅 이름자 계) **田**(땅 이름자 전) **赤**(땅 이름자 적)
城(땅 이름자 성)

〔기러기 떼가 왕래하는〕 안문과 〔보라색의 변방인〕 자새와 〔역마를 교대한〕 계전과 〔붉은 색의 성채인〕 적성.

한 걸음 더

1. 옛 중국 북방 요새지의 이름들이다.

'雁'(안)의 본뜻은 '기러기'이다.

'門'(문)의 본뜻은 '문'이다.

'紫'(자)의 본뜻은 '보라색(자색)'이다.

'塞'(새)의 본뜻은 '변방'이다. 음을 '색'으로 읽을 때는 '막다'를 뜻한다.

'雞'(계)의 본뜻은 '닭'이다. '鷄'도 같은 글자이다. 지금은 보통 '鷄'로 쓴다.

'田'(전)의 본뜻은 '밭'이다.

'赤'(적)의 본뜻은 '붉다'이다.

'城'(성)의 본뜻은 '재', '성'이다.

2. '雁門'은 산서성(山西省)에 있는 산 이름이다. 위진(魏晉) 시대에 요새지였다. 기러기 떼가 왕래한다고 해서 붙여진 이름이라고 전한다.

'紫塞'는 하북성(河北省)에 있는 관문이다. 자형관(紫荊關)이라 한다. 진(秦)나라 때 장성(長城)을 쌓은 곳의 일부인데 흙빛이 자색이었기에 붙인 이름이라고 전한다.

'雞田'은 지금의 영하성(寧夏省)에 속해 있다. 옛날 역마를 바꾸는 곳인 역참(驛站)이었다가 주(州)의 이름이 되었다고 한다.

'赤城'은 찰합이성(察哈爾省)에 속한 현(縣)이다. 남북조(南北朝)시대에 북위(北魏)가 이곳 적성에서 오원(五原)까지 2,000여 리의 장성(長城)을 쌓았다. 산의 돌 빛이 붉어서 붙인 이름이라고 한다.

080 昆池碣石 鉅野洞庭

음훈

昆(못 이름자 곤) **池**(못 이름자 지) **碣**(산 이름자 갈)
石(산 이름자 석)
鉅(늪 이름자 거) **野**(늪 이름자 야) **洞**(호수 이름자 동)
庭(호수 이름자 정)

(못인) 곤지와 (산인) 갈석과 (늪인) 거야와 (호수인) 동정.

한 걸음 더

1. '昆'(곤)의 본뜻은 '맏이'이다.
   '池'(지)의 본뜻은 '못(연못)'이다.
   '碣'(갈)의 본뜻은 '비(비석)'이다.
   '石'(석)의 본뜻은 '돌'이다.
   '鉅'(거)의 본뜻은 '톱'이다.
   '野'(야)의 본뜻은 '들(들판)'이다.
   '洞'(동)의 본뜻은 '구멍', '고을'이다.

'庭'(정)의 본뜻은 '뜰'이다.

2. '昆池'(곤지)는 한(漢)나라 무제(武帝)가 곤명국(昆明國)을 토벌하려고 군사 훈련을 위해 판 거대한 못이라고 한다. '昆明池'를 줄인 말이다. 섬서성 장안현에 있었다고 전한다.

'碣石'(갈석)은 산 이름이다. 어디에 있었는지 대해 여러 설이 있다. 지금의 하북성에 속했다는 설도 있고, 산동성에 속했다는 설도 있다.

'鉅野'(거야)는 늪 이름이다. 지금의 산동성 거야현에 속한다.

'洞庭'(동정)은 유명한 호수인 동정호(洞庭湖)이다. 호남성 북동부에 있다. 이 호수의 물은 모두 악양(岳陽) 부근의 揚子江(양자강: 중국에서는 주로 '長江'〔장강〕이라고 함)으로 다시 방류된다. 이 호수의 크기는 계절에 따라 크게 차이가 난다. 평균적으로 동서 길이 150㎞, 남북 길이 95㎞, 면적 2만 8,200㎢이다.

081 曠遠緜邈 巖岫杳冥

음훈

曠(넓을 광) 遠(멀 원) 緜(연이을 면) 邈(아득할 막)
巖(바위 암) 岫(산굴 수) 杳(아득할 묘) 冥(어두울 명)

넓고 먼 곳은 연이어 아득하고,
바위굴은 아득하고 어둡다.

한 걸음 더

1. '曠'(광)은 '넓다, 비다, 멀다' 등으로 풀이할 수 있다. '遠'(원)은 '멀다'는 뜻이니, '曠遠'(광원)은 넓고 먼 평원을 가리킨다.

'緜'(면)은 '솜', '연이어지다' 등을 뜻한다. '緜'은 오늘날 보통 '綿'으로 적는다. '邈'(막)은 '멀다, 아득하다'를 뜻하니, '緜邈'은 연이어 아득함, 즉 요원함을 가리킨다.

'岫'(수)는 '峀'로도 적는다. 산굴을 뜻한다. '巖岫'(암수)는 '바위굴'로 보아도 되고, '바위와 산굴'로 볼 수도 있다.

'杳'(묘)는 '아득하다', '冥'(명)은 '어둡다'이니, 높고

험준한 산의 바위굴 또는 바위와 산굴이 아득히 멀고 어두워 보임을 말하고 있다.

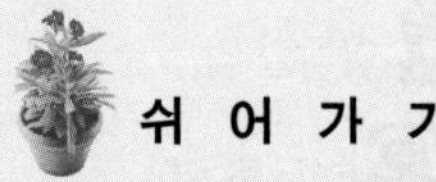

쉬 어 가 기

我田引水(아전인수)

구조 : '我 + 田'은 수식관계, '引 + 水'는 술목관계이다. '我田 + 引水'는 수식관계이다.

해설 : 내 논에 물을 끌어들인다 — 자기에게만 이롭게 함을 이르는 말이다.

易地思之(역지사지)

구조 : '易 + 地'와 '思 + 之'는 모두 술목관계이고 '易地 + 思之'는 수식관계이다.

해설 : 처지(땅, 입장)를 바꾸어서 그것을 생각한다 — 나의 처지(입장)와 상대방의 처지를 바꾸어서 생각함을 이르는 말이다.

082 治本於農 務茲稼穡

음훈

治(다스릴 치) **本**(근본 둘 본) **於**(어조사 어) **農**(농사 농)
務(힘쓸 무) **茲**(이 자) **稼**(심을 가) **穡**(거둘 색)

다스림(정치)은 농사에 근본을 두고,
이 심고 거두는 일에 힘쓴다.

한 걸음 더

농사를 가장 중시했던 시대에 농사를 다스림의 근본으로 삼았음을 말하고 있다. 그래서 오래도록 '農者天下之本'(농사는 천하의 근본이다)이라는 말이 쓰여 왔다. '農天下本'이라고만 해도 기본 뜻이 표현된다. '者'(자)는 조사로서 앞말인 '農'을 강조한다〔'농사란~', '농사는 말이지~' 하는 말투라고 생각하면 된다〕. '之'는 앞말 '天下'(천하)를 강조한다. 역시 조사이다.

1. '本'(본)은 '근본', '근본을 두다(~에 근본이 있다, ~가 근본이다)' 등으로 쓰인다.

2. '於'(어)는 조사의 하나이다. 강조할 말 앞에 놓인다. 즉, 뒤에 놓이는 말을 강조하는 어기를 지닌다. 그러므로 '治本農'이라고만 말해도 뜻은 같다. '治本於農'은 '於'를 사용하여 '農'을 강조하고 있는 것이다.

'於'를 전치사(=介詞〔개사〕)로 여기는 문법이 오랫동안 쓰여 왔는데 이는 잘못이다. '於'는 결코 뒷말을 목적어로 이끄는 전치사가 아니다. 전치사라면 일정한 기능만을 가져서 그 경계가 분명해야 할 텐데 그렇지 못하다. '於'의 앞말과 뒷말의 관계가 매우 다양하다는 것은 '於'가 전치사가 아니라는 증거이다. 앞말과 뒷말의 의미 관계가 결정하는 문맥의 차이를 '於'의 다양한 기능으로 오해해 왔다. '於'는 강조의 기능을 하는 조사이므로 '於'가 쓰이지 않는 경우와 쓰인 경우의 기본 뜻은 같다.

3. '茲'(자)와 같이 '이, 이것'〔단수와 복수가 동일함〕을 나타내는 말에는 '此'(차), '斯'(사), '是'(시) 등이 있으나 쓰임이 완전히 일치하지는 않는다.

4. '稼穡'(가색)은 '심고 거둠'이니 결국 농사일을 가리킨다.

이 책에서 '務茲稼穡'를 '이 심고 거두는 일에 힘쓰다'로 번역한 것은 '務+茲稼穡' 형식의 술목구조로 본 것이다. 이때 '務'의 목적어인 '茲稼穡' 중의 '茲'는 '稼穡'을 수식하는 관형어가 된다.

083 俶載南畝 我藝黍稷

음훈

俶(비로소 숙) **載**(일할 재) **南**(남녘 남) **畝**(밭이랑 묘)
我(나 아) **藝**(심을 예) **黍**(기장 서) **稷**(피 직)

비로소 남쪽 밭이랑에서 일하며,
내가 (몸소) 기장과 피를 심는다.

한 걸음 더

봄이 되어 농사일이 시작되자 스스로 일함을 말하고 있다.

1. '俶'(숙)은 '비로소', '처음(시작)', '짓다', '착하다' 등을 뜻한다.
2. '載'(재)는 '일하다'(행하다)는 뜻 외에 '싣다' 등의 뜻도 갖는다.
3. '畝'의 음은 '묘'와 '무' 두 가지이다. '무'를 본음으로 친다.
4. '藝'(예)는 '심다'는 뜻 외에 '재주' 등의 뜻을 갖는다.
5. '黍'(서)는 '찰기장'이고, '稷'(직)은 보통 '피'라고 부르는 '메기장'이다.

084 稅熟貢新 勸賞黜陟

음훈

稅(구실 낼 세) **熟**(익은 것 숙) **貢**(바칠 공) **新**(새 것 신)
勸(권할 권) **賞**(상줄 상) **黜**(내칠 출) **陟**(올릴 척)

익은 것을 구실(세)로 내게 하고 새 것을 바치게 하는데,
〔관리들로 하여금 힘쓰도록〕 권하게 하여 〔잘하면〕 상을 주며 〔실적에 따라〕 내치고 올리고 한다.

한 걸음 더

조세의 근원이 농사이므로 관리들로 하여금 백성들이 농사에 힘쓰도록 권면하여 실적에 따라 벌주고 상주고 하였음을 말하고 있다.

1. '稅'(세)는 '구실', 즉 오늘날의 말로 '조세, 세'를 뜻하며, 문맥에 따라 '세를 내다', '세로 내게 하다(징수하다)' 등으로 풀이된다. 품사의 분별이 없음을 보이는 예이다. 우리말로 번역하자면 명사 · 동사 · 형용사로 나뉘는 것 같으나, 한

문에서는 실질적인 의미를 나타내는 단어에 대부분 이러한 품사 분별이 없다. 하나로 뭉쳐 있다고 생각하면 된다. 다음 단어들도 모두 마찬가지이다.

'熟'(숙)은 '익다', '익히다', '익은 것' 등을 두루 나타낸다.

'貢'(공)도 '바치다', '바치게 하다', '공물'(바치는 것) 등의 구분이 없이 쓰인다.

'新'(신)도 '새롭다', '새롭게 하다', '새 것' 등을 두루 나타낸다.

2. '勸'(권)은 '권하다, 권면하다'로서 여기에서는 농사일에 힘쓰도록 장려함을 뜻하다.

'賞'(상)도 '상', '상을 주다' 등을 두루 나타낸다.

'黜'(출)은 '내치다, 내쫓다, 물리치다'를 뜻한다.

'陟'(척)은 '오르다, 올리다' 등을 뜻한다.

085 孟軻敦素 史魚秉直

음훈

孟(사람 이름자 맹) **軻**(사람 이름자 가) **敦**(두터울 돈)
素(순박할 소)
史(사람 이름자 사) **魚**(사람 이름자 어) **秉**(잡을 병)
直(곧을 직)

맹가(맹자)는 두텁고 순박했으며,
사어는 곧음(정직함)을 잡고 있었다.(견지했다)

한 걸음 더

맹자와 사어 같은 현인의 성품을 말하고 있다.

1. '孟'(맹)의 본뜻은 '맏, 맏이'이다. 여기에서는 사람 이름 중의 성으로 쓰였다. 孟子(맹자)는 이름이 '軻'(가)이다. '軻'의 본뜻은 '수레의 굴대'이다. '子'는 남자의 미칭이다. '님, 선생님'으로 번역할 수 있다. 이처럼 사람의 성 뒤에 붙어 쓰여 '孟子'는 '맹님, 맹선생님'이 된다.

맹자의 생졸년은 372~289 B.C이다. 전국시대 鄒(추)나라 사람으로 인의(仁義)를 바탕으로 한 왕도(王道)정치를 주장하였다.

천자문에서는 그의 성품을 '敦素'라고 평하였는데, 위의 번역과 같이 '素'(소)는 '희다'는 뜻에 포함된다고 할 수 있는 '순박하다', '깨끗하다' 등으로 번역할 수 있다. 위에서는 '敦素'를 연합구조로 보아 '두텁고(도탑고) 순박하다'로 번역하였다. '敦素'를 술목구조로 보고 '素'를 '바탕'으로 새기면 '바탕이 두텁다'로 번역된다. 둘 다 가능하다.

2. 史魚는 춘추시대 말기의 위(魏)나라 사관(史官)이었다. 성은 '魚'이고 이름은 '鰌'(추)이며 字(자)가 '子魚'(자어)이다. '史'(사)의 본뜻은 '역사'로서 관직 이름, 즉 사관을 뜻하기도 한다. 그러므로 '史魚'는 세상 사람들이 '사관인 魚씨'라고 일컬은 이름인 것이다. '魚'(어)의 본뜻은 '물고기'이다.

史魚는 성품이 강직하였으므로 '秉直'이라고 평하고 있다.

086 庶幾中庸 勞謙謹勅

음훈

庶(가까울 서) **幾**(가까울 기) **中**(치우치지 않을 중)
庸(변하지 않을 용)
勞(힘쓸 노〔로〕) **謙**(겸손할 겸) **謹**(삼갈 근) **勅**(삼갈 칙)

중용(치우치지 않고 변하지 않음)에 가까웠으며,
힘쓰고 겸손하며 삼가고 (또) 삼가하였다.

한 걸음 더

85에서 말한 孟子와 史魚의 수양의 정도를 설명한 것으로 보인다.

85의 말과 상관없이 누구나 그렇게 해야 한다는 규범으로 이해할 수도 있다.

1. '庶'(서)와 '幾'(기)는 여기에서 모두 '가깝다', '거의 ~하게 되다'는 뜻으로 쓰였다. 둘 다 '바라다'는 뜻으로도 쓰인다.

   '庶'는 '여러'라는 뜻도 지니며, '幾'는 '몇'이라는 뜻도 지닌다.

2. ‘中’(중)은 ‘가운데’, ‘중’이라는 뜻에 포괄되는 ‘치우치지 않다’, ‘과불급이 없다’는 의미를 지닌다. 이에 따라 구체적으로 새김을 달았다.

‘庸’(용)은 ‘평상’이라는 뜻에 포괄되는 ‘변하지 않다’를 의미한다. 역시 구체적인 뜻을 새김으로 달았다. ‘庸’은 ‘쓰다’는 뜻도 갖는다.

‘中庸’은 ‘치우치지 않고 변하지 않는 도(길)’를 뜻한다.

3. ‘勞’(노, 로)는 ‘힘쓰다, 수고하다’ 등으로 새긴다.

‘勅’(칙)은 ‘신칙하다’(타이르다)는 뜻도 갖는다. ‘敕’(칙)자와 통하여 ‘조서, 칙서’를 뜻하기도 한다.

087 聆音察理 鑑貌辨色

음훈

聆(들을 령) **音**(소리 음) **察**(살필 찰) **理**(이치 리)
鑑(비추어 볼 감) **貌**(모양 모) **辨**(분별할 변) **色**(빛 색)

소리(말)를 들어서 이치를(사리에 맞는가를) 살피며, 〔생각을〕〔얼굴〕모양으로 비추어 보고(알고)〔얼굴〕빛으로 분별해 낸다.

한 걸음 더

사람을 접촉할 때는 말과 얼굴 모양과 얼굴빛을 잘 살펴야 함을 말하고 있다.

1. '音'(음)은 여기에서 사람의 말소리를 가리킨다.

   '理'(리, 이)는 여기에서 '이치, 사리'를 뜻한다. 상대방의 말을 들어서 사리에 맞는지를 잘 살펴야 함을 말하고 있다.

   '理'에는 '다스리다'는 뜻도 있다.

2. '鑑'(감)은 '(거울에) 비추어 보다', '거울' 등을 뜻하니, '鑑貌'는 얼굴 모양으로 비추어 본다는 뜻이다. '色'(색)은 여기

에서 '얼굴색, 낯빛'을 가리킨다.

얼굴 모양과 낯빛을 잘 살펴서 상대방의 생각을 바르게 알아내야 함을 말하고 있다.

쉬 어 가 기

指鹿爲馬(지록위마)

구조 : '指 + 鹿'과 '爲 + 馬'는 모두 술목관계이다. '指鹿 + 爲馬'는 수식관계이다.

해설 : 사슴을 가리켜서 말이라고 하다 —— 사실이 아닌 것을 가지고 우겨서(농락하여) 권세를 마음대로 함을 뜻하는 말이다.

진(秦)나라의 환관인 조고(趙高)가 진시황(秦始皇)의 아들 가운데 호해(胡亥)를 후계자로 세워 주지육림에 빠뜨리고 권력을 휘둘렀다. 조고는 여러 신하들이 자기에게 반항할 것을 염려하여 황제인 호해에게 사슴을 바치면서 말이라 우기고, 말이 아니라고 한 신하들은 죄를 씌워 죽여 버림으로써 반기를 들지 못하게 했다.

088 貽厥嘉猷 勉其祗植

음훈

貽(남길 이) **厥**(그 궐) **嘉**(아름다울 가) **猷**(꾀 유)
勉(힘쓸 면) **其**(그 기) **祗**(공경할 지) **植**(심을 식)

그 아름다운 꾀(계책)를 남겨서 그들이〔그들로 하여금〕 공경하고 (마음에) 심는 것에〔공경과 심기에〕 힘쓰게 한다.

한 걸음 더

아름다운 계책을 남겨 후세 사람들로 하여금 존중하고 본받게 해야 함을 말하고 있다.

1. '貽'(이)는 '남기다, 주다, 끼치다' 등으로 풀이한다.
2. '厥'(궐)은 대사〔代詞〕의 하나이다. 옛글에 보인다. 우리말의 '그'로 번역한다. 사람(그 사람), 사물(그것), 추상적인 내용(그것)을 가리지 않고 다 가리킬 수 있다. 여기에서는 '嘉猷'를 가리키는 관형어로 쓰였다. '그 아름다운 꾀'도 될 수 있고 '그들의 아름다운 꾀'도 될 수 있다.

'其'(기)도 '그'로 번역하며, '厥'과 음이 다를 뿐, 지시하는 내용은 대체로 같다. 다른 대사들과 마찬가지로 단수 복수의 구별이 없다. '그'를 뜻하는 대표적인 대사이다. 훗날에까지 오래도록 쓰였다.

'其'는 주로 '수식'구조의 관형어의 자리〔'그(것)의'〕와 '주술'〔主述〕구조 중의 주어 자리〔'그가, 그것이'〕에 많이 쓰인다. 여기에서는 의미상 주술 관계인 '其+祗植'의 주어로 쓰였을 뿐 아니라, '勉'(면)의 목적어를 겸하고 있다. 그래서 '그들로 하여금〔그들이〕 공경하고 (마음에) 심는 데 힘쓰게 한다' 등으로 번역할 수 있다. '其'가 가리키는 말을 후세 사람으로 보아 번역하였다.

가리키는 내용이 없이 '그'라는 소리만 빌려 쓸 때는 조사로 취급한다. 이때는 강조의 어기를 나타낸다.

3. '嘉'(가)는 '아름답다', '기리다' 등을 뜻한다.
4. '猷'(유)는 '꾀' 즉 '계책, 책략'을 뜻한다. '길'이라고 번역할 수도 있다.
5. '植'(식)은 여기에서 앞 사람이 남긴 훌륭한 꽤를 '마음에 심는다(새긴다)'는 문맥에 쓰였다.

089 省躬譏誡 寵增抗極

음훈

省(살필 성) **躬**(몸 궁) **譏**(나무랄 기) **誡**(경계할 계)
寵(총애할 총) **增**(늘 증) **抗**(막을 항) **極**(극에 이를 극)

(자기) 몸에 대해서 (사람들이) 나무라고 경계하는 말을 살핀다〔살펴야 한다〕.
총애가 늘면〔불어나면〕 막음〔저항〕이 극에 이른다.

한 걸음 더

임금의 총애가 더해지면 남들이 비방하고 경계하는 일이 생겨서 극도의 저항이 생길 수 있으므로 항상 이를 살펴서 근신해야 함을 말하고 있다.

1. '省'(성)은 '덜다, 줄이다'를 뜻할 때는 '생'으로 읽는다. '躬'(궁)은 여기에서 '자기 몸' 즉 '자신'을 일컫는다. '譏'(기)는 '나무라다, 비난하다, 책하다' 등으로 번역한다. '간하다' 등으로 번역해야 할 때도 있다. '誡'(계)는 '경계하다'

즉 '조심하여 삼가다'는 뜻인데, 여기에서는 나무라는 말인 '譏'와 함께 '경계하는 말'을 가리킨다.

'省+躬+譏誡'는 '술어+목적어+목적어'의 결합이다. 즉 '省+躬'〔몸에 대해서(몸을) 살피다〕과 '省+譏誡'〔나무라고 경계하는 말을 살피다〕가 합쳐졌다고 생각하면 된다.

2. '寵'(총)은 '총애하다, 사랑하다'를 뜻한다. 같은 뜻인 '고이다'로 풀이해도 된다. 요즈음 자주 쓰는 말이 아니므로 '총애하다'로 번역하였다. '增'(증)은 '늘다, 더해지다, 불다(불어나다)', '늘리다, 더하다, 불리다' 등으로 번역된다. '抗'(항)은 '막다'를 뜻한다. 즉, '저항함'을 말한다. '겨루다', '들다'로 번역해야 할 때도 있다. '極'(극)은 '극(끝)', '다하다' 등으로 풀이한다. 여기에서는 '다하다'의 의미에 포함되는 '극(끝)에 이르다'를 뜻한다.

090 殆辱近恥 林皐幸卽

음훈

殆(가까울 태) **辱**(욕될 욕) **近**(가까울 근) **恥**(부끄러울 치)
林(수풀 림〔임〕) **皐**(언덕 고) **幸**(행복하게 여길 행) **卽**(나아갈 즉)

욕(욕됨)이 가까워지고 수치가 가까워지면〔치욕을 당할 위치에 이르게 되면〕,
숲과 언덕으로〔산림으로〕 행복하게 여기며 나아간다〔나아가야 한다〕.

한 걸음 더

지위가 높아지면 다른 사람의 공격을 받아 치욕을 당하기가 쉬우므로 알맞은 때에 그간 누린 복록을 행복하게 여기면서 산림으로 들어가 은거해야 함을 말하고 있다.

1. '殆'(태)는 '가깝다, 가까이 하다', '위태하다' 등의 뜻을 갖는다. '辱'(욕)은 '욕', '욕되다, 모욕하다' 등으로 풀이된다. '近'(근)은 '가깝다, 가까이 하다' 등으로 풀이된다. '恥'(치)는 '수치, 치욕', '수치스럽다' 등으로 풀이된다.

2. ‘林’(림〔임〕)은 수풀(숲)이고 ‘皐’(고)는 언덕이니 ‘林皐’는 결국 산림을 가리킨다. ‘幸’(행)은 ‘다행, 행복’, ‘다행스럽다, 행복으로(다행으로) 여기다〔행복해 하다〕’ 등으로 풀이된다. ‘卽’(즉)은 여기에서는 ‘나아가다’는 뜻으로 쓰였다. ‘곧, 바로’의 뜻으로도 쓰인다.

091 兩疏見機 解組誰逼

음훈

兩(두 양〔량〕) **疏**(사람 이름자 소) **見**(볼 견) **機**(때 기)
解(풀 해) **組**(끈 조) **誰**(누구 수) **逼**(핍박할 핍)

> 두 소(疏)씨는 때(기회)를 보아
> 끈(인끈)을 풀었으니 누가 핍박하겠는가?

한 걸음 더

앞(90)에서 말한 처세법을 실현한 현능한 사람의 예를 들고 있다.

1. '兩'(양, 량, 냥)은 '둘'을 뜻한다. 무게의 단위로도 쓰인다.

여기에서의 '疏'(소)는 疏廣(소광)과 疏受(소수) 두 사람을 가리킨다. 사람 이름자 중에서 성씨로 쓰였다. 본뜻은 '소원하다', '상소하다' 등이다.

疏廣(소광)은 한(漢)나라 때 사람으로 선제(宣帝) 때에 三公(삼공)의 하나인 태부(太傅)가 되었고, 조카인 疏受(소수)는 태부의 부관인 소부(少傅)가 되었다. 소광이 5년간 태부의 관직에 있다가 여기에서 만족하지 못하고 관직에 더 오래 머물다가는 좋지 않은 일이 생길 것임을 미리 생각하여 조카인 소수와 함께 사직하고 고향으로 돌아갔다.

'機'(기)는 '때, 기회' 외에 '틀(기계), 베틀' 등을 뜻한다.

2. '組'(조)는 '끈', '짜다' 등을 뜻한다. 여기에서는 관직에 임명될 때 받은 관직명이 새겨진 인(印)〔도장〕에 달린 끈을 가리킨다. '印'이 달린 끈을 푼다는 것은 이를 반환하고 관직에서 물러남을 의미한다.

092 索居閑處 沈默寂寥

음훈

索(헤어질 삭) **居**(살 거) **閑**(한가할 한) **處**(지낼 처)
沈(잠길 침) **默**(잠잠할 묵) **寂**(고요할 적) **寥**(고요할 료)

(세속과) 헤어져 살고 한가로이 지내면서
침묵하고 고요하게 지낸다.

한 걸음 더

은거생활의 정황을 묘사하고 있다.

1. '索'은 '삭'으로 읽을 때는 '헤어지다, 흩어지다', '노(새끼)' 등을 뜻하며, '색'으로 읽을 때는 '찾다' 등을 뜻한다.

'居'(거)는 '살다, 지내다', '거처' 등을 뜻한다. 여기에서는 '살다'로 번역하였다.

'處'(처)는 '살다, 지내다, 머무르다', '거처, 곳' 등을 뜻한다.

'索'을 여기에서 '찾다'로 보면 '索居'(색거)는 '거처를 찾다'가 된다. 이 번역도 가능하다. 전후 문맥이 확실하게 정해져 있지 않기 때문이다. 이때는 '索居閑處'는 '거처를 찾아 한가로이 지내다'로 번역할 수도 있고, '閑處'를 '한가로운 곳'으로 보고 '索+居(목적어1)+閑處(목적어2)'의 구조로 여겨 '한가로운 곳에서 거처를 찾다'로 번역할 수도 있다.

2. '沈'은 '깊다'를 뜻할 때와 성(姓)으로 쓰일 때는 '심'으로 읽는다.

'寂寥'(적료)는 '고요하다', '적료하다' 또는 그렇게 지냄을 뜻한다.

093 求古尋論 散慮逍遙

음훈

求(구할 구) **古**(옛 고) **尋**(찾을 심) **論**(의론할 론)
散(흩을 산)
慮(생각할 려) **逍**('소요'의 한 음절 소) **遙**('소요'의 한 음절 요)

> 옛 것을 구하여 의론한(따진) 것을 찾으며, 생각들(심려)을 흩어버리고 소요한다(이리저리 노닌다).

한 걸음 더

은자의 유유자적한 생활을 묘사한 것으로 여겨진다.

1. '求'(구)는 '구하다, 찾다, 바라다' 등으로 번역한다.
2. '逍遙'(소요)는 두 글자로 분해가 되지 않는 단어이다. 글자 각각은 이 단어의 음절 즉 소리 부분일 뿐, 각기 뜻을 갖지는 않는다. 본시 두 글자(두 음절)가 하나의 뜻을 갖는 단어이기 때문이다. 그래서 위와 같이 음훈을 달았다. '逍遙'는 '노닐다', '이리저리 거닐다', '소요하다' 등으로 번역한다.

094 欣奏累遣 慼謝歡招

음훈

欣(기쁠 흔) **奏**(모을 주) **累**(피곤할 루〔누〕) **遣**(보낼 견)
慼(근심할 척) **謝**(물러나게 할 사) **歡**(기쁠 환) **招**(부를 초)

기쁘면 모으고 피곤하면 보내버리며,
근심스러우면 물러나게 하고 기쁘면 불러들인다.

한 걸음 더

임금이 신하를 부르고 보내는 형편을 말하고 있다.

1. '奏'(주)에는 '아뢰다, 주청하다'는 뜻도 있다.
2. '累'(루, 누)에는 '포개다'는 뜻도 있다.
3. '遣'(견)은 '보내다'를 뜻한다. 보낸다함은 여기에서 '쫓아 보냄'을 의미한다.
4. '慼'(척)은 '슬퍼하다, 슬프다', '근심하다, 근심스럽다'를 뜻한다.
5. '謝'(사)는 여기에서 '물러나다(사직하다), 물러나게 하다'

를 뜻한다. '사례하다', '사죄하다', '시들다' 등의 뜻도 갖는다.

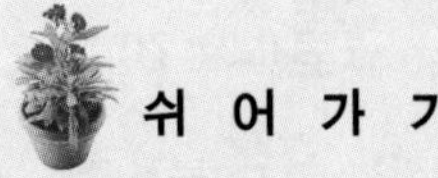

쉬 어 가 기

溫故知新(온고지신)

구조 : '溫+故'와 '知+新'은 모두 술목관계이이고, '溫故+知新'은 수식관계이다.

해설 : 옛것을 익혀서 새것을 알다 ── 논어(論語)의 위정편(爲政篇)에서 '溫故而知新 可以爲師矣'(온고이지신 가이위사의)〔옛것을 익혀서 새것을 알면 그것으로 스승이 될 수 있다.〕라고 하였다. 과거의 역사적 사실을 익혀서 그것을 바탕으로 앞을 내다볼 수 있다면 다른 사람의 사표가 될 수 있음을 뜻하는 말이다.

095 渠荷的歷 園莽抽條

음훈

渠(도랑 거) **荷**(연 하) **的**(선명할 적) **歷**(분명할 력)
園(동산 원) **莽**(풀 망) **抽**(뽑을 추) **條**(가지 조)

도랑(개천)의 연꽃은 선명하고,
동산의 풀은 가닥을 뽑아낸다.

한 걸음 더

1. '渠'(거)는 '도랑, 개천'이다.
   '荷'(하)는 '연', '연꽃'을 가리킨다.
   '的'(적)은 '과녁'의 뜻으로도 쓰인다.
   '歷'(력, 역)은 '지내다'는 뜻으로도 쓰인다.
   '的歷'은 '선명하게 고운 모양'을 형용한다.
2. '條'(조)는 '가지'를 비롯하여 '긴 가지 모양의 것'을 두루 가리킨다. 여기에는 주어가 '풀'을 뜻하는 '莽'(망)이므로 잎의 가닥을 가리킨다. 그래서 '가닥'이라고 번역하였다.

096 枇杷晩翠 梧桐早凋

음훈

枇('비파'의 한 음절 비) **杷**('비파'의 한 음절 파) **晩**(늦을 만) **翠**(푸를 취)
梧('오동'의 한 음절 오) **桐**('오동'의 한 음절 동) **早**(이를 조) **凋**(시들 조)

> 비파나무는 늦게까지 푸르며,
> 오동나무는 일찍 시든다.

한 걸음 더

'枇杷'(비파)와 '梧桐'(오동)도 앞에 나온 '逍遙'처럼 두 글자가 각기 뜻을 갖지 못하고 본시 두 글자, 즉 두 음절이 하나의 뜻을 이루는 단어이다. 그래서 위와 같이 음훈을 달았다.

097 陳根委翳 落葉飄颻

음훈

陳(묵을 진) 根(뿌리 근) 委(시들 위) 翳(말라 자빠질 예)
落(떨어질 락〔낙〕) 葉(잎사귀 엽) 飄(나부낄 표) 颻(나부낄 요)

묵은(오래된) 뿌리는 시들어 말라 자빠져 있고,
떨어진 잎사귀(낙엽)는 (바람에) 나부낀다.

한 걸음 더

1. '陳'(진)은 '묵다, 오래되다'는 뜻 외에 '베풀다, 진열하다', '말하다, 진술하다' 등의 뜻을 갖는다.

   '委'(위)는 '시들다, 쇠퇴하다'는 뜻 외에 '맡기다' 등의 뜻을 갖는다.

2. '翳'(예)는 '초목이 말라 죽어 땅에 엎어져 있는 모양'을 형용하는 말이다. '말라죽다'로 번역해도 된다. '깃일산', '그늘', '(덮어) 가리다'라는 뜻도 있다.

098 遊鯤獨運 凌摩絳霄

음훈

游(놀 유) **鵾**(곤새 곤) **獨**(홀로 독) **運**(옮길 운)
凌(건널 릉〔능〕) **摩**(가까이할 마) **絳**(진홍색 강) **霄**(하늘 소)

노는(여행하는) 곤새는 홀로 옮기면서(날아 움직이면서)
진홍색 하늘을 건너며 가까이 한다(접근한다).

한 걸음 더

'游'(유)는 '遊'와 통하여 '놀다, 여행하다'의 뜻으로 쓰였다. '游'는 본시 '헤엄치다'는 뜻을 갖는다.

'鵾'(곤)은 본시 '댓닭, 곤계(鵾鷄)'라고 부르는 고니 같이 몸집이 큰 닭을 가리킨다. 이렇게 보고 해석할 수도 있다.

그런데 문맥상 '鯤'(곤) 즉 '곤어'로 보는 것이 나을 듯하다. '곤어'는 상상 속의 물고기로서 새로 변한다고 한다. 이때는 '鵬'(붕)이라고 불린다. 여기에서는 새로 변하여 날 때를 이야기하고 있으므로 '鵾'으로 쓴 것 같다. 그래서 '곤새'

라고 번역하였다.

'凌'(릉, 능)은 여기에서 '건너다'는 뜻으로 쓰인 것 같다. 그밖에 '떨다', '범하다(업신여기다, 능멸하다)' 등의 뜻을 갖는다. '摩'(마)는 '갈다, 비벼대다, 만지다, 가까이하다' 등으로 번역된다. '凌摩'를 '건너며 가까이 한다'로 번역하였는데, '능멸하듯이 (하늘에) 비벼댄다(가까이한다)'로 번역할 수도 있다. 어느 경우이든 높이 날아 진홍색 하늘에 가까이 접근함을 형용한다.

099 耽讀翫市 寓目囊箱

음훈

耽(즐길 탐) **讀**(읽을 독) **翫**(구경할 완) **市**(저자 시)
寓(부칠 우) **目**(눈 목) **囊**(주머니에 넣을 낭)
箱(상자에 담을 상)

독서(책읽기)를 즐겨 저자(시장)에서 (책을) 구경하였는데,
눈을 부쳤다(시선을 주었다) 하면 주머니에 넣고 상자에 담듯 하였다(머릿속에 집어넣었다).

한 걸음 더

동한(東漢 = 후한〔後漢〕) 때 사람인 왕충(王充)의 이야기이다. 독서를 좋아하였으나 집이 가난하여 낙양에 있는 시장의 서점에 가서 책을 구경하였는데 눈을 주었다하면 머릿속에 넣어 버렸다고 한다.

왕충은 『論衡』(논형)이라는 유명한 책을 저술하였다.

1. '讀'(독)은 '句讀'(구두)라고 할 때는 '두'로 읽는다.

2. '翫'(완)은 '玩'으로도 쓴다. '(가지고) 놀다'는 뜻이므로 여기에서는 '구경하다'로 번역하였다. 책 구경을 하며 놀았음을 말한다.

3. '市'(시)는 '저자'라고 풀었는데, 오늘날은 주로 '시장'이라고 한다.

4. '寓'(우)는 '부치다, 맡기다' 등으로 번역한다. '寓目'이라 함은 '눈을 부치다(맡기다)'이니 '시선을 주었다' 즉 '보았다'는 것을 이렇게 표현하였다.

5. '囊'(낭)은 '주머니(자루)', '주머니(자루)에 넣다' 등으로 풀이한다. '箱'(상)은 '상자', '상자에 담다'로 풀이한다. 여기에서는 문맥에 따라 '주머니에 담고 상자에 담듯이 하다'로 번역된다. 한 번 시선을 주었다(보았다) 하면 머릿속에 넣어 곧바로 암기해 버렸음을 이렇게 표현하였다.

100 易輶攸畏 屬耳垣牆

음훈

易(쉽게 할 이) **輶**(가벼이 할 유) **攸**(바 유) **畏**(두려워할 외)
屬(붙일 속) **耳**(귀 이) **垣**(담 원) **牆**(담 장)

쉽게 하고 가벼이 함(쉽게 여기고 가벼이 여김)은 두려워해야 할 바이다.
(남이) 귀를 담장에 붙인다(붙이고〔대고〕 듣는다).

한 걸음 더

항상 언행을 조심해야 함을 말하고 있다.

1. '易'(이)는 '쉽다, 쉽게 하다, 쉽게 여기다' 등으로 번역한다. '바꾸다'를 뜻할 때는 '역'이라고 읽는다.
2. '輶'(유)는 '가볍다, 가볍게 하다, 가벼이 여기다' 등으로 번역한다.
3. '攸'(유)를 '바', '곳'으로 번역할 때는 '所'(소)와 뜻이 같다.
4. '畏'(외)는 '두렵다, 두려워하다' 등으로 번역한다.

5. '屬'(속)은 '붙다, 붙이다, 잇다'를 뜻한다. 귀를 담장에 '붙인다'(붙이다) 함은 결국 '댄다'(대다)는 것과 통한다.

쉬어가기

身言書判(신언서판)

구조 : 네 글자('身 + 言 + 書 + 判')가 연합관계를 갖는다.

해설 : 몸과 말과 글과 판단 — 예전에 인물을 고르는 표준으로 삼던 네 가지 조건인 '신수 · 말씨(언변) · 문필 · 판단력'을 아우른 말이다.

傾國之色(경국지색)

구조 : '傾 + 國'은 술목관계이며, '傾國 + 色'은 수식관계이다. '之'는 조사이다.

해설 : 나라를 기울일(기울게 할 만한) 미색(잘 생긴 얼굴, 여자) — 임금이 혹하여 나라가 어지러워도 모를 만한 뛰어난 미인을 뜻하는 말로서 매우 아름다운 여자를 일컬을 때 쓴다.

101 具膳湌飯 適口充腸

음훈

具(갖출 구) 膳(찬 선) 湌(먹을 찬) 飯(밥 반)
適(맞을 적) 口(입 구) 充(채울 충) 腸(창자 장)

찬을 갖추어 밥을 먹으면
입에 맞고 창자(배)를 채운다.

한 걸음 더

1. '膳'(선)은 '찬, 반찬' 외에 '먹다'는 뜻도 갖는다.
2. '湌'(찬)은 '먹다'는 뜻이다. '밥'을 뜻할 때는 독음을 '손'으로 읽는다. '飧'(손)의 속자(俗字)로 쓰인 경우이다.
3. '適'(적)은 '맞다, 알맞다'는 뜻 외에 '가다', '(때)마침' 등의 뜻을 갖는다.

102 飽厭烹宰 饑飫糟糠

음훈

飽(배부를 포) **厭**(싫을 염) **烹**(삶을 팽) **宰**(고기 저밀 저)
饑(주릴 기) **飫**(실컷 먹을 어) **糟**(지게미 조) **糠**(겨 강)

배가 부르면 삶은 것(생선류)과 저민 것(육류)도 싫고, 주리면(배가 고프면) 지게미나 겨도 실컷 먹는다.

한 걸음 더

1. '烹'(팽)은 '삶다', '삶은 것'을 뜻하는데 여기에서는 삶은 생선류를 가리킨다.

'宰'(저)는 '고기를 저미다', '저민 고기'를 뜻한다. 즉, 돼지 · 닭 등의 고기를 가리킨다.

'재'로 읽을 때는 '재상', '주재하다' 등을 뜻한다.

따라서 '烹宰'(팽저)는 문맥상 맛있는 음식을 가리킨다고 보면 된다.

2. '饑'(기)는 '주리다, 배고프다'를 뜻한다.

3. '糟'(조)는 '지게미' 즉 '술지게미' 같은 것을 가리킨다. '糠'(강)은 '쌀겨' 같은 곡식의 '겨'를 가리킨다. '糟糠'은 맛없고 하찮은 먹거리를 대표한다. 그래서 '糟糠之妻'(조강지처)는 지게미와 쌀겨로 끼니를 이을 때의 아내라는 뜻으로 가난하고 천할 때부터 고생을 함께 한 아내를 가리킨다.

103 親戚故舊 老少異糧

음훈

親(겨레 친) **戚**(겨레 척) **고**(옛 친구 고) **舊**(친구 구)
老(늙을 로〔노〕) **少**(젊을 소) **異**(달리 할 이) **糧**(양식 량)

겨레(친인척)와 옛 친구도
노소에 따라 양식(식료)을 달리 한다.

한 걸음 더

친인척과 오래 사귄 벗을 대접할 때, 나이가 많고 적음에 따라 예를 갖추어 식료(음식 재료)를 달리 해야 함을 말하고 있다.

1. '親'(친)은 겨레 중에 성이 같은 일가(一家)를 가리키며, '戚'(척)은 겨레 중에 혼인으로 맺어진 인척(姻戚)을 가리킨다. 즉, 각각 본종(本宗)과 외척(外戚)을 뜻한다. 그런데 '親戚'은 양자를 가리지 않고 함께 일컫기도 한다.

'親'에는 '어버이', '친하다' 등의 뜻도 있다. '戚'에는 '친하다', '근심하다, 슬퍼하다' 등의 뜻도 있다.

2. '故'(고)는 여기에서 '옛 친구(벗)'을 가리킨다. '예', '일', '연고' 등의 뜻을 갖는다. '舊'(구)는 여기에서 '친구(벗)'를 가리킨다. '舊'는 또 '예, 옛날', '오래, 낡다' 등의 뜻을 갖는다.

그러므로 '故舊'는 '옛 친구'이다.

3. '老'(로, 노)는 '늙다', '오래다', '늙은이' 등을 뜻한다. '少'(소)는 '젊다', '젊은이', '적다' 등을 뜻한다.

'異'(이)는 '다르다, 달리하다', '다른 것' 등을 뜻한다.

'糧'(량, 양)은 본시 '곡식' 즉 '양식'을 뜻한다. 노소에 따라 달리 해야 할 재료가 곡식에 그치지 않을 것이므로 문맥상 여러 '식료'(食料)를 대표한다고 보면 된다.

104 妾御績紡 侍巾帷房

음훈

妾(첩 첩) **御**(모시는 사람 어) **績**(자을 적) **紡**(자을 방)
侍(시중 들 시) **巾**(수건 건) **帷**(휘장 유) **房**(방 방)

첩으로서 (남편을) 모시는 사람은 실을 잣고(길쌈을 하고),
휘장을 늘어뜨린 방(침실)에서 수건 등의 시중을 든다.

한 걸음 더

첩실이 맡은 일을 묘사하고 있다.

1. '妾'(첩)은 '첩', '시비'를 뜻한다.

'御'(어)는 '모시다(시중을 들다), 모시는(시중드는) 사람'을 뜻한다. '부리다', '어거하다'는 뜻도 갖는다.

'妾御'는 곧 '첩의 신분을 가지고 모시는 사람'을 뜻한다. '妾'는 '시비'(여자 종)를 뜻하기도 한다.

2. '績'(적)은 '(실을) 잣다'(실을 뽑다, 길쌈하다)는 뜻 외에

'공적' 등의 뜻을 갖는다.

'紡'(방)도 '실을 잣다'(실을 뽑다, 길쌈하다)를 뜻한다. '실'을 뜻하기도 한다.

3. '侍巾帷房'은 '侍巾'과 '侍帷房'이 합쳐졌다고 보면 된다. '侍+巾'은 '술어+목적어' 구조로서 '수건으로 시중을 들다'(수건 등의 시중을 들다)를 뜻하며, '侍+帷房'도 '술어+목적어' 구조로서 '침실에서 시중을 들다'를 뜻한다. '侍+巾+帷房'은 이 둘을 합쳐서 두 개의 목적어를 차례로 쓴 것이 된다. '帷房'은 '휘장 방'(휘장을 친 방) 곧 침실(안방, 규방)이다. '침실에서 수건 등의 시중을 들다'로 번역된다.

105 紈扇圓潔 銀燭煒煌

음훈

紈(흰 깁 환) **扇**(부채 선) **圓**(둥글 원) **潔**(깨끗할 결)
銀(은 은) **燭**(촛불 촉) **煒**(빛날 휘) **煌**(빛날 황)

흰 깁(명주, 비단) 부채는 둥글고 깨끗하며,
은 (촛대의) 촛불은 밝게 빛난다.

한 걸음 더

1. '紈'(환)은 '흰 깁' 즉 '고운 명주'이다.
2. '煒'(휘)는 '빛나다'를 뜻한다. '위'라고 읽을 때는 '빨갛다'는 뜻이다. '煌'(황)도 '빛나다'는 뜻이다. '煒煌'은 반짝반짝 빛나는 모양을 형용하는 말이다.

106 晝眠夕寐 藍筍象牀

음훈

晝(낮 주) **眠**(잘 면) **夕**(저녁 석) **寐**(잘 매)
藍(쪽 람〔남〕) **筍**(죽순 순) **象**(코끼리 상) **牀**(상 상)

낮에 자고 밤에 자는데, (낮에는) 쪽빛 죽순 대자리이며 (밤에는) 상아 (장식을 한) 침상이다.

한 걸음 더

1. '眠'(면)과 '寐'(매)는 다 같이 '(잠을) 자다'는 뜻이다.
2. '藍'(람, 남)은 염색용 푸른 풀인 쪽풀 또는 그 빛깔을 뜻한다. '靑出於藍 (靑於藍)'〔청출어람 청어람〕이라는 말이 있다. 쪽에서 나온 물감인 청색이 쪽보다 더 푸르다는 말로서 제자가 스승보다 뛰어남을 가리켜 쓰는 말이다.

   '筍'(순)은 '죽순'을 뜻하는데 여기에서는 문맥상 죽순 껍질로 만든 대자리를 가리킨다. '藍'으로 염색한 것이 '藍筍'이다. '牀'(상)은 '床'으로도 쓴다. 모든 '상'을 가리킨다. 여기에서는 '침상'(침대)이다. '象牀'은 상아로 장식한 침상이다.

107 絃歌酒讌 接杯擧觴

음훈

絃(탈 현) **歌**(노래할 가) **酒**(술 주) **讌**(잔치 연)
接(접할 접) **杯**(잔 배) **擧**(들 거) **觴**(잔 상)

> 술잔치에서 현악기를 타며 노래하고
> 잔을 접하고(마주치고) 잔을 들어 올린다.

한 걸음 더

1. '絃'(현)은 거문고 비파 등의 현악기의 '줄' 또는 '현악기' 자체를 가리킨다. 여기에서는 '(줄을, 현악기를) 타다'를 뜻한다.
2. '歌'(가)는 '노래', '노래하다'를 뜻한다.
3. '讌'(연)은 '잔치'를 뜻할 때는 '宴'(연)·'醼'(연)과 같다. '이야기하다'를 뜻하기도 한다.
4. '接杯擧觴'(접배거상)은 주연에서 술잔을 마주치고(부딪치고) 술잔을 들어 올리는 모습을 형용하고 있다.

108 矯手頓足 悅豫且康

● 음훈

矯(들 교) **手**(손 수) **頓**(멈출 돈) **足**(발 족)
悅(기뻐할 열) **豫**(즐거울 예) **且**(또 차) **康**(편안할 강)

손을 들어 올리고 발을 멈추니(구르니)
기쁘고 즐거우며 또 편안하다.

● 한 걸음 더

술자리에서 춤을 추며 즐기는 모양을 형용하고 있다.

1. '矯'(교)는 '들다' 외에 '바로잡다', '속이다' 등을 뜻한다.
2. '頓'(돈)은 여기에서 '멈추다, 머무르다'를 뜻한다. 발을 들었다 놓았다 하면서 발을 구르는 모습을 형용하고 있다. '頓'에는 '조아리다', '넘어지다', '꺾이다', '가지런히 하다' 등의 뜻이 있다.
3. '悅'(열)은 '기쁘다', '기뻐하다'를 뜻한다. '豫'(예)도 '기뻐하다', '즐겁다', '즐기다'를 뜻한다. '미리', '미리하다' 등의 뜻도 갖는다.

'즐겁다', '즐기다'는 뜻으로는 '樂'(락, 낙)을 많이 쓴다.

4. '且'(차)는 부사이다. '또', '또한', '게다가' 등으로 번역한다. '康'(강)은 '편안', '편안하다'를 뜻한다.

쉬 어 가 기

白骨難忘(백골난망)

구조 : '白+骨'은 수식관계이고, '難+忘'은 술목관계이다. '白骨+難忘'은 수식관계이다.

해설 : 백골이 되어도(백골이라도) 잊기 어렵다 — 죽어서 백골이 되어도 은덕을 잊을 수 없다는 뜻으로, 남에게 큰 은혜나 덕을 입었을 때 고마움의 뜻으로 이르는 말이다.

背恩忘德(배은망덕)

구조 : '背+恩'과 '忘+德'은 모두 술목관계이고, '背恩+忘德'은 연합관계이다.

해설 : 은혜를 등지고(저버리고, 배반하고) 덕을 잊다 — 남한테 입은 은덕을 저버림을 일컫는 말이다.

109 嫡後嗣續 祭祀蒸嘗

음훈

嫡(적자 적) **後**(뒤 후) **嗣**(이을 사) **續**(이을 속)
祭(제사지낼 제) **祀**(제사지낼 사) **蒸**(찔 증) **嘗**(맛보일 상)

적자의 뒤(후손)는 (대를) 이어가고,
제사지냄에 (음식을) 쪄서 (올려) 맛보시게 한다.

한 걸음 더

1. '嫡'(적)은 '정실의 아내', '(정실이 낳은) 맏아들', '서자(庶子)에 대한 적자(嫡子)' 등을 뜻한다. 여기에서는 정실의 맏아들을 비롯한 적자로 번역하였다.
2. '後'(후)는 '뒤'를 널리 가리킨다. 여기에서는 후손이다.
3. '嗣'(사)는 '잇다' 외에 '후사'(뒤를 이을 자식), '자식' 등을 뜻한다.

   '續'(속)도 '잇다'를 뜻한다. '계속하다' 등으로 번역할 때도 있다.
4. '祭'(제)와 '祀'(사)는 모두 '제사', '제사지내다'를 뜻한다.

5. '蒸'(증)은 음식을 찌는 것을 가리킨다. 제사에 올릴 음식을 익히는 대표적인 방법이다.

'嘗'(상)은 '맛보다', '맛보이다'를 뜻한다.

쉬 어 가 기

三顧草廬(삼고초려)

구조 : '三 + 顧'도 수식관계이고, '草 + 廬'도 수식관계이다. '顧 + 草廬'는 술목관계이다. '三(수식어) + 顧(술어) + 草廬(목적어)'의 결합이다.

해설 : 초가집을 세 번 돌아보다(찾아가다) — 중국 삼국시대에, 유비가 제갈량의 초려를 세 번이나 찾아가서(방문하여) 마침내 그를 군사(軍師)로 삼았다는 데서 유래한다. 인재를 맞아들이기 위해 참을성 있게 노력한다는 말이다.

聞一知十(문일지십)

구조 : '聞 + 一'과 '知 + 十'은 모두 술목관계이고, '聞一 + 知十'은 수식관계이다.

해설 : 하나를 듣고(들으면) 열을 안다 — 한 가지를 들으면 열을 미루어 앎을 뜻한다.

110 稽顙再拜 悚懼恐惶

음훈

稽(조아릴 계) **顙**(이마 상) **再**(두 재) **拜**(절할 배)
悚(두려워할 송) **懼**(두려워할 구) **恐**(두려워할 공)
惶(두려워할 황)

> 이마를 조아리고 두 번 절하며
> 두려워하고 두려워하는 것이다.

한 걸음 더

제사 지낼 때 절하는 자세와 마음가짐에 대해 말하고 있다. 공경과 두려움을 다해야 함을 뜻한다.

1. '稽'(계)는 '조아리다'는 뜻이다 이마를 땅에 대고 절하는 것을 말한다. 여기에서는 '이마'를 뜻하는 '顙'(상)이 목적어로 나와 있다.

   '稽'에는 '머무르다', '상고하다' 등의 뜻도 있다.

2. '再'(재)는 '두, 둘'을 뜻한다. '다시 (한 번)', '거듭하다' 등으로 번역해야 할 때도 있다.

3. '悚'(송)·'懼'(구)·'恐'(공)·'惶'(황)은 모두 '두려워하다'는 뜻을 지닌다.

쉬 어 가 기

蚌鷸之爭(방휼지쟁)

구조 : '蚌 + 鷸'은 연합관계이고 '蚌鷸 + 爭'은 수식관계이다.

해설 : 조개와 도요새의 다툼 — 두 사람이 이해관계로 다툴 때 제삼자가 이득을 보는 것을 비유한 말이다.

옛 중국 조(趙)나라 혜왕이 연(燕)나라를 치려하자, 소대(蘇代)가 혜왕에게 "제가 일전에 역수(易水 : 강 이름)를 건너다가 보니 조개가 입을 벌리고 일광욕을 하고 있는데 지나가던 도요새(황새)가 쪼자 조개가 입을 오므려 놓지 않고 서로 다투므로 그 곁을 지나던 어부가 한꺼번에 둘을 다 잡았습니다."라고 비유하면서 "조나라와 연나라가 서로 싸우면 진(秦)나라가 어부가 될 것입니다."라고 하였다. 그래서 '漁父之利'(어부지기)〔어부의 이익〕라는 말도 있다.

111 牋牒簡要 顧答審詳

음훈

牋(편지 전) **牒**(편지 첩) **簡**(간결할 간) **要**(요약할 요)
顧(돌아볼 고) **答**(답할 답) **審**(세심할 심) **詳**(상세할 상)

> 편지(서찰)는 간결하고 요약되어 있어야(요점이 잡혀 있어야) 하며,
> (이것저것을) 돌아보고(살펴보고) 답하되 세심하고 상세하게 하는 것이다.

한 걸음 더

편지를 주고받을 때 유의할 점을 설명하고 있다.

1. '牋'(전)은 '편지'(서찰), '종이', '상소' 등을 뜻한다.

'牒'(첩)은 본디 글씨를 쓴 나무 조각으로서 편지(서찰)를 가리킨다.

2. '簡'(간)은 '간결하다' 외에 '편지', '대쪽' 등을 가리킨다.

'要'(요)는 여기에서 '요약되어 있다, 요점이 잡히다'를 뜻한다. '구하다', '중요하다', '종요롭다' 등의 뜻도 갖는다.

3. '顧'(고)는 '돌아보다'라는 말로 포괄할 수 있는 뜻 외에 '도리어', '다만' 등의 뜻도 갖는다. '돌아보다'는 뜻은 문맥에 따라 우리말로 적절하게 구체화할 수 있다.

'答'(답)은 '대답', '대답하다, 답하다'를 뜻한다.

'審'(심)은 '세심하다', '살피다' 등을 뜻한다. '詳'(상)은 '상세하다(자세하다), 상세하게 하다'를 뜻한다. '審詳'은 '(세심하게) 살펴서 상세하게 하다'로 번역할 수도 있다.

112 骸垢想浴 執熱願凉

음훈

骸(몸 해) **垢**(때 낄 구) **想**(생각할 상) **浴**(목욕할 욕)
執(잡을 집) **熱**(뜨거운 것 열) **願**(원할 원) **凉**(서늘할 량)

몸에 때가 끼면 목욕할 것을 생각하고, 뜨거운 것을 잡으면 서늘하기를(시원하기를) 원한다.

한 걸음 더

1. '骸'(해)는 '몸', '뼈' 등의 뜻을 갖는다.

'垢'(구)는 '때가 끼다, 더럽다, 더럽히다', '때', '수치'를 뜻한다. 그래서 '骸垢'를 수식구조로 보아 '몸의 때'라고 번역해도 무방하다.

'浴'(욕)은 '목욕', '목욕하다'이다. 우리는 '沐浴'(목욕)이라는 단어를 쓰고 있다. 본시 '浴'은 몸을 씻는 것을 가리키고, '沐'은 머리를 감는 것을 가리켰다.

2. '執'(집)은 '잡다', '손에 들다', '(일 등을) 맡다' 등으로 풀

이 된다. '熱'(열)은 '덥다', '뜨겁다', '더운 것', '뜨거운 것', '열' 등을 뜻한다.

'執熱'은 뜨거운 것을 만짐을 의미한다.

3. '願'(원)은 '원하다, 바라다', '소원' 등을 뜻한다. '凉'(량)은 '서늘하다, 시원하다, 차갑다' 등으로 번역하면 된다.

113 驢騾犢特 駭躍超驤

음훈

驢(나귀 려〔여〕) **騾**(노새 라) **犢**(송아지 독) **特**(숫소 특)
駭(놀랄 해) **躍**(뛸 약) **超**(넘을 초) **驤**(달릴 양)

나귀 · 노새 · 송아지 · 수소가
놀라고 뛰고 넘고 달린다.

한 걸음 더

가축의 여러 가지 움직임을 형용하고 있다.

1. '驢'(려, 여)는 '나귀, 당나귀'이다. '騾'(라)는 '노새' 즉 암말과 숫나귀 사이에 난 트기이다. '犢'(독)은 '송아지', '特'(특)은 '숫소' 즉 '황소'이다. '특별하다'는 뜻도 갖는다.
2. '駭'(해)는 '놀라다', '躍'(약)은 '뛰다', '超'(초)는 '넘다, 뛰어 넘다', '驤'(양)은 '달리다', '머리를 들다'를 뜻한다.

114 誅斬賊盜 捕獲叛亡

음훈

誅(벨 주) **斬**(벨 참) **賊**(도적 적) **盜**(도적 도)
捕(잡을 포) **獲**(얻을 획) **叛**(배반할 반) **亡**(도망칠 망)

도적을(도적질하는 사람을) 베고(베어 죽이고), 배반하고 도망치는 사람을 잡아들인다.

한 걸음 더

1. '誅'(주)는 '베다', '죽이다'를 뜻한다. '斬'(참)도 '베다', '죽이다'는 뜻이다. 따라서 '誅斬'은 '베어 죽임'을 의미한다.

   '賊'(적)은 '도적(도둑)', '도적질', '해치다' 등을 뜻한다. '盜'(도)는 '도적(도둑)', '도적질', '훔치다(도둑질하다)'를 뜻한다. 그래서 '賊盜'(적도)는 '도적'(도적질하는 사람)을 가리킨다.

2. '捕'(포)는 '잡다', '사로잡다'를 뜻한다. '獲'(획)은 '얻다', '손에 넣다', '짐승을 잡다' 등을 뜻한다. '捕獲'(포획)은 보

충구조이다. 즉, '獲'이 '捕'의 결과를 보충 설명해 주는 구조이다. 구조에 따라 번역하면 '잡아서 얻다'가 되니, '잡아내다, 잡아들이다'는 뜻이다.

'叛'(반)은 '배반하다', '배반'이다. '亡'(망)은 여기에서 '도망하다, 달아나다'는 뜻으로 쓰였다. '없어지다', '죽다', '망하다' 등의 뜻을 갖는다.

115 布射僚丸 嵇琴阮嘯

음훈

布(사람 이름자 포) **射**(활쏘기 사) **僚**(사람 이름자 료)
丸(알 환)
嵇(사람 이름자 혜) **琴**(거문고 금) **阮**(사람 이름자 완)
嘯(휘파람 소)

여포(呂布)는 활쏘기요, 웅의료(雄宜僚)는 알(알 굴리기)이며,
혜강(嵇康)은 거문고(거문고 타기)요, 완적(阮籍)은 휘파람(휘파람 불기)이다.

한 걸음 더

고대 중국에서 특별히 잘하는 것으로 이름 난 네 사람을 들고 있다.

1. '布'(포)의 본뜻은 '베'이다. 여기에서는 여포(呂布)를 가리킨다. 여포는 후한과 삼국시대 사람으로 활쏘기의 명인이었다.

'射'(사)는 '활쏘기', '쏘다'를 뜻한다.

2. '僚'(료)의 본뜻은 '동료, 벗'이다. 여기에서는 웅의료(雄宜僚)를 가리킨다. 웅의료는 춘추 · 전국시대의 초나라 사람이다. 알 굴리기(농환〔弄丸〕)의 명수였다고 한다.

'丸'(환)은 '알', '환'을 뜻한다. 여기에서는 이 알을 굴리는 행위를 염두에 두고 말했다.

3. '嵇'(혜)는 본시 산(山) 이름이다. 여기에서는 혜강(嵇康)의 성으로 쓰인 글자이다. 혜강은 삼국시대와 진(晉)나라에 걸쳐 산 사람으로 거문고의 명인이었다. 뒤에 나오는 완적(阮籍)과 함께 죽림칠현(竹林七賢) 가운데 한 사람이다.

'琴'(금)은 '거문고', 여기에서는 '거문고 타기'를 가리킨다.

4. '阮'(완)은 '관문의 이름'이며, 옛 나라 이름인데, 여기에서는 완적(阮籍)의 성으로 쓰였다. 완적도 삼국시대와 진나라 때의 사람으로서 죽림칠현의 한 사람이다. 죽림칠현 가운데 으뜸이었다고 한다. 휘파람을 잘 불렀다고 전한다.

'嘯'(소)는 '휘파람', '휘파람을 불다'를 뜻한다.

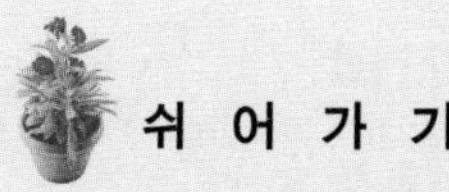

쉬 어 가 기

죽림칠현(竹林七賢)

중국 삼국시대의 위(魏)와 그 뒤 진(晉) 왕조 때의 완적(阮籍), 혜강(嵇康), 산도(山濤), 상수(向秀), 유령(劉伶), 완함(阮咸), 왕융(王戎) 등의 일곱 사람을 말한다.

이들은 정치권력에 등을 돌리고 죽림에 모여 거문고와 술을 즐기며, 청담(淸談 : 속되지 않은 고상한 이야기)을 주고받고 세월을 보냈다. 당시는 정치적으로 매우 혼란한 시기로서 명철보신하기가 매우 어려웠다. 그들의 사상은 노장사상(老莊思想)에 가까운 개인주의적, 무정부주의적인 것으로 평가된다.

조(曹)씨의 위(魏)나라에서 사마(司馬)씨의 진(晉)나라로 이어지는 정권 다툼의 시기에 대체로 정치적 입장을 밝히지 않고 죽림에 모여 술을 즐겼다.

116 恬筆倫紙 鈞巧任釣

음훈

恬(사람 이름자 염) **筆**(붓 필) **倫**(사람 이름자 륜)
紙(종이 지)
鈞(사람 이름자 균) **巧**(교묘할 교) **任**(사람 이름자 임)
釣(낚시질 할 조)

몽염(蒙恬)은 붓이요, 채륜(蔡倫)은 종이이며, 마균(馬鈞)은 (목공 일의) 교묘함이요, 임공자(任公子)는 낚시질이다.

한 걸음 더

1. '恬'(염)의 본뜻은 '편안하다'이다. 여기에서는 몽염(蒙恬)의 이름자로 쓰였다. 진시황(秦始皇) 때의 장수로서 높은 벼슬을 하였다. 진시황이 죽고 환관(宦官)인 조고(趙高)가 2세를 세우자 대립하다가 사형 당하였다.

그가 처음으로 토끼털을 대롱(죽관〔竹管〕)에 끼워 붓을 만들었다고 전한다.

2. '倫'(륜)의 본뜻은 '인륜', '무리'이다. 여기에서는 채륜(蔡倫)의 이름자로 쓰였다.

채륜은 후한(後漢) 때의 사람이다. 재주와 학문이 출중하여 화제(和帝) 때에 높은 벼슬을 하였다. 그는 처음으로 나무껍질, 찢어진 천 조각, 삼, 어망 등을 원료로 삼아 종이를 만들었다.

3. '鈞'(균)의 본뜻은 '고르다', '30근'이다. 여기에서는 마균(馬鈞)의 이름자로 쓰였다. 마균은 삼국시대 위(魏)나라의 박사로서 목공(木工)의 일에 뛰어난 재능을 지녔다고 전한다. 그래서 천자문에서 '巧'(교묘하다, 공교하다)라고 하였다.

4. '任'(임)의 본뜻은 '맡다, 맡기다'이다. 여기에서는 임공자(任公子)의 이름자로 쓰였다. 선진(先秦)시대 사람으로서 낚시질로 유명하였다고 한다.

117 釋紛利俗 竝皆佳妙

음훈

釋(풀 석) **紛**(어지러울 분) **利**(이롭게 할 리) **俗**(세속 속)
竝(아우를 병) **皆**(다 개) **佳**(아름다울 가) **妙**(묘할 묘)

어지러운 것을 풀거나 세속(세상)을 이롭게 하니, 아울러 다 아름답고 묘하였다.

한 걸음 더

대체로 앞의 115~116에서 말한 사람들이 한 일을 칭송한 구절이다.

1. 여포 · 웅의료 · 혜강 · 완적은 세상의 얽힌 일들을 해결하였고, 몽념 · 채륜 · 마균 · 임공자는 세속(세상)을 위하여 이로운 일들을 했다고 본 것이다.

   '紛'(분)은 '어지럽다, 얽히다' 등으로 새긴다. '분란' 등으로 새길 수도 있다.

2. '利'(리, 이)는 '이롭게 하다' 뿐 아니라, '날카롭다', '이롭다', '날카로움', '이로움', '이익' 등으로 새길 수 있도록 두

루 쓰인다. 품사 분별이 안 됨을 알게 해 주는 좋은 예이다.

'俗'(속)은 '세속, 세간, 세상' 뿐 아니라 '세속 사람', '풍속' 등을 뜻한다.

'妙'(묘)는 '묘하다'로 포괄되는 '신묘하다, 교묘하다, 오묘하다' 등으로 새겨진다.

118 毛施淑姿 工嚬姸笑

음훈

毛(사람 이름자 모) **施**(사람 이름자 시) **淑**(맑을 숙) **姿**(자태 자)
工(교묘할 공) **嚬**(찡그릴 빈) **姸**(고울 연) **笑**(웃을 소)

모장(毛嬙)과 서시(西施)의 맑은 자태,
교묘한 찡그림과 고운 웃음.

한 걸음 더

중국 고대의 두 미녀를 형용한 말이다.

1. '毛'(모)는 중국 고대의 미녀 모장(毛嬙)을 가리킨다. 월(越)나라 왕의 미희였다는 기록이 있다.

'施'(시)는 춘추시대 월나라의 미녀 서시(西施)를 가리킨다. 월나라 왕 구천(句踐)이 오(吳)나라와의 전쟁에서 패한 뒤 오나라를 어지럽힐 계략으로 왕 부차(夫差)에게 서시를 바쳤다는 이야기가 전한다.

서시가 가슴이 아파서 이마를 찡그리자, 추녀가 이를 보고 예뻐 보이려고 흉내 내어 더욱 흉하게 보임으로써 보는 사람들이 도망갔다는 이야기가 있다.

'毛'의 본뜻은 '털'이다.

'施'의 본뜻은 '베풀다'이다.

2. '姿'(자)는 '자태', '모양'을 뜻한다.

'工'(공)은 여기에서는 '교묘하다, 공교하다'는 뜻으로 쓰였다. 그밖에 '장인'(匠人), '일' 등의 뜻이 있다.

'嚬'(빈)은 '찡그리다, 찌푸리다'를 뜻한다.

'姸'(연)은 '곱다, 예쁘다' 등으로 새긴다.

'笑'(소)는 '웃음', '웃다' 등을 뜻하여 품사의 구별이 없음을 쉽게 알게 해 주는 예의 하나이다.

119 年矢每催 曦暉朗曜

음훈

年(해 년〔연〕) **矢**(화살 시) **每**(늘 매) **催**(재촉할 최)
曦(햇빛 희) **暉**(휘황할 휘) **朗**(밝을 랑) **曜**(빛날 요)

> 해가 화살처럼 (시간의 흐름을) 늘 재촉하고,
> 햇빛의 휘황함이 밝게 빛난다.

한 걸음 더

문장의 구조를 단어의 기능에 따라 분석해 보기로 한다.

앞 구절에서는 '年'(년, 연)이 주어이고, '催'(최)는 술어이며, '矢'(시)와 '每'(매)는 둘 다 '催'를 수식하는 부사어(부사성 수식어)이다.

뒤 구절은 '暉'(휘)가 주어이고, '曜'(요)는 술어이다. '曦'(희)는 '暉'를 수식하는 관형어(형용사성 수식어)이고, '朗'(랑)은 '曜'를 수식하는 부사어(부사성 수식어)이다. 이에 따라 위와 같이 번역한다.

'暉'(휘)는 '빛나다. 휘황하다' 등으로 새긴다.

120 璇璣懸斡 晦魄環照

음훈

璇(별 이름자 선) **璣**(별 이름자 기) **懸**(매달릴 현) **斡**(빙빙 돌 알)

晦(그믐 회) **魄**(희미한 달빛 백) **環**(돌 환) **照**(비출 조)

북두칠성의 넷째 별이 매달려 돌고,
그믐의 희미한 달빛이 (밝은 빛으로) 돌아서 비춘다.

한 걸음 더

1. '璇'(선)과 '璣'(기)는 본래 '아름다운 옥' 즉 '구슬'을 뜻한다.

그런데 여기에서의 '璇璣'(선기)는 북두칠성의 넷째 별을 가리키는 이름이다.〔일설에는 첫째에서 넷째까지의 별이라고도 함〕 '璇璣'는 곧 북두칠성을 가리키므로 북두칠성이 하늘에서 천체의 중심이 되어 운행함을 말하고 있다.

'璇璣'는 또 고대의 천체를 관측하는 기구를 가리키기도 한다. 渾天儀(혼천의)가 바로 그것이다.

2. '晦'(회)는 음력의 마지막 날인 그믐이다. 그믐달은 희미하다. '魄'(백)은 그믐달이나 초승달 같은 '희미한 달빛'을 뜻한다.〔'魄'은 陰(음)의 '넋'을 뜻하기도 하나, 여기에서는 아니다〕'晦魄'은 곧 '그믐의 희미한 달빛'이다.

'環'(환)은 여기에서 '돌다'는 뜻이니, '環照'는 그믐이나 초하루의 희미한 달빛으로부터 보름달의 밝은 달까지 돌며 비춤을 말하고 있다.

121 指薪修祜 永綏吉劭

음훈

指(손가락 지) **薪**(땔나무 신) **修**(닦을 수) **祜**(복 호)
永(길 영) **綏**(편안할 수) **吉**(길할 길) **劭**(아름다울 소)

땔나무에 손가락처럼(땔나무와 손가락의 관계처럼) 복을 닦으면 길이(오래도록) 편안하고 길하며 아름답다.

한 걸음 더

1. '指薪'(지신)은 『莊子』(장자)에 나오는 말이다. 땔나무를 하는데 손가락이 다 닳도록 계속하면 불이 꺼지지 않음을 말했다.〔指窮于爲薪 火傳也 不知其盡也〕

   '指薪修祜'는 이처럼 열심히 복을 짓는 선근(덕)을 닦아야 함을 비유하고 있다.

   '指'(지)에는 '가리키다' 등의 뜻도 있다.

2. '劭'(소)에는 '힘쓰다'는 뜻도 있다.

122 矩步引領 俯仰廊廟

음훈

矩(법도에 맞을 구) **步**(걸음 보) **引**(당길 인) **領**(옷깃 령)
俯(구부릴 부) **仰**(올려다볼 앙) **廊**(행랑 랑) **廟**(사당 묘)

> 걸음을 법도에 맞게 하고 옷깃을 당기고서 (정사를 논의하는) 행랑이나 사당에서 구부리고 올려다보고 한다.

한 걸음 더

궁궐 안에서 관리들이 행동하는 모습의 일단을 묘사하고 있다.

1. '矩'(구)는 본시 곡척(曲尺) 즉 직각자를 뜻한다. 기준이 되므로 '규칙, 법, 법도', '법도에 맞다'는 등의 뜻으로 쓰인다. '矩步'(구보)는 곧 걸음걸이를 바르게 함을 뜻한다.
2. '引'(인)은 '당기다, 이끌다'를 뜻한다. '領'(령)은 여기에서 '옷깃'을 뜻한다. '거느리다', '우두머리' 등의 뜻으로도 쓰인다.

'引領'은 '옷깃을 당기다, 옷깃을 여미다'이니, 옷매무새를 바르게 함을 말한 것이다.

3. '俯仰'(부앙)은 '구부려 머리를 숙임과 올려다봄'을 뜻하니 '내려다보고 올려다봄'을 말한다.
4. '廊'(랑)은 궁전 사방의 행랑이고, '廟'(묘)는 太廟(태묘) 즉 사당이다. 모두 고대 제왕과 대신들이 정사를 의논하던 곳이다. 그래서 뒷날 조정을 일컬어 '廊廟'라고도 하였다.

123 束帶矜莊 徘徊瞻眺

음훈

束(묶을 속) **帶**(띠 대) **矜**(엄숙할 긍) **莊**(씩씩할 장)
徘('배회'의 한 음절 배) **徊**('배회'의 한 음절 회) **瞻**(쳐다볼 첨)
眺(바라볼 조)

> 허리띠(관대)를 묶은 사람(관리)들이 엄숙하고 씩씩하게 배회하면서 쳐다보고 (멀리) 바라보고 한다.

한 걸음 더

이 구절 역시 관리들이 궁궐 안에서 행동하는 모습의 일단을 형용한 것이라 생각된다.

1. '帶'(대)는 '띠' 모양의 모든 것을 가리킨다. 여기에서는 관복의 허리띠이다. '띠다, 띠를 두르다'를 뜻하기도 한다.

   '束帶'(속대)는 '허리띠를 묶다', '허리띠를 묶은 사람', '허리띠를 묶은 모습' 등을 다 나타낼 수 있는 구 형식(단어의 결합)이므로 '허리띠를 묶은 모습'으로 해석하여도 뜻이 통한다.

'矜'(긍)은 '엄숙하다, 근엄하다' 외에도 '삼가다, 불쌍히 여기다, 아끼다, 자랑하다' 등의 뜻을 갖는다.

2. '徘'(배)나 '徊'(회)는 단독으로는 뜻을 갖지 못하는 글자이다. 본시 '徘徊'라는 두 글자 즉 두 음절이 갖추어져서 '배회하다'를 뜻하는 단어를 이루기 때문이다. 음훈을 새길 때 보통 따로따로 새김을 달고 있으나 단독으로는 뜻을 갖지 않으므로 옳지 않다. 마치 '하늘'이라는 우리말의 '하'를 '하늘 하', '늘'을 '하늘 늘'이라고 새기는 것과 같기 때문이다.

'徘徊'는 이리저리 돌아다니는 모습을 형용하는 말이다.

124 孤陋寡聞 愚蒙等誚

음훈

孤(외로울 고) **陋**(좁을 루) **寡**(적을 과) **聞**(들을 문)
愚(어리석을 우) **蒙**(몽매할 몽) **等**(무리 등) **誚**(꾸짖을 초)

(생각이) 외롭고 좁으며 들은 것이 적으면 어리석고 몽매하여 무리(많은 사람)가 꾸짖는다.

한 걸음 더

견문이 좁고 학식이 천박해서는 안 됨을 경계한 말이다.

1. '寡言'(과언)〔말이 적다〕도 '寡聞'(과문)과 같은 구조이다.
2. '蒙'(몽)은 '어리다'와 관련된 여러 가지 뜻을 나타낸다. 여기에서는 '몽매하다, 어리석다'를 뜻한다. '뒤집어쓰다', '입다'를 뜻하기도 한다.
3. '等'은 '무리'를 뜻하는데 문장 앞에서 주어로 쓰이는 경우는 극히 드물다. 그래서 '等'의 다른 뜻인 '기다리다'나 '같다, 대등하다' 중에서 취하면, '기다리다'로 뜻이 통한다.

즉, '等誚'를 '꾸짖음을 기다리게(받게) 된다'고 해석할 수 도 있다.

쉬 어 가 기

臥薪嘗膽(와신상담)

구조 : '臥 + 薪'과 '嘗 + 膽'은 모두 술목관계이고, '臥薪 + 嘗膽'은 연합관계이다.

해설 : 땔나무(나무 섶)에 눕고, 쓸개를 맛보다 — 원수를 갚거나 마음먹은 일을 이루려고 괴로움과 어려움을 참고 견딤을 뜻한다.

옛 중국 오(吳)나라의 임금인 부차(夫差)가 월(越)나라 임금 구천(句踐)에게 아버지가 살해당한 원수를 갚겠다고 섶에 누워 자며 맹세하여 원수를 갚았고, 또 구천은 쓴 쓸개를 두고 앉거나 누울 때나 핥으면서 회계산에서의 자신의 치욕을 되새기며 복수심을 불태웠다고 한다.

125 謂語助者 焉哉乎也

음훈

謂(이를 위) **語**(말씀 어) **助**(도울 조) **者**(어조사 자)
焉(어조사 언) **哉**(어조사 재) **乎**(어조사 호) **也**(어조사 야)

어조(말의 도움 성분)라 이르는 것은(함은)
焉〔언〕·哉〔재〕·乎〔호〕·也〔야〕(같은 것들)이다.

한 걸음 더

1. 한문에는 어조사(어조〔語助〕 또는 다른 이름으로도 불린다)라는 단어들이 있다. 오늘날 한문법에서는 보통 '조사'〔助詞〕라는 말로 통칭한다. 독립적으로 의미를 갖는 단어이지만 실질적인 뜻을 나타내지 않기에 흔히 '기능적' 의미라고 한다. 다른 말 뒤에 놓여 어떠한 '어기'〔語氣〕'를 나타낸다. '어기'라는 말로 아우를 수 있는 기능 범위가 상당히 넓다.

   천자문에서는 어기를 나타내는 대표적인 글자(단어)로 맨 마지막 구절에서 위의 네 글자를 들고 있는데, 공교롭게도 앞 구 끝의 '者'자도 넓게는 같은 부류에 든다.

2. '者'는 앞말을 추슬러 다시 한 번 지시하여 강조하는 어기를 나타낸다. 우연히 '~하는 것(사람을 포함함)'으로 번역되는 경우도 많으나 이것이 명사구를 만들어 주는 성분이어서 그런 것은 아니다. '者' 없이 이미 앞말만으로 '~하는 것'은 나타내진다. 그러므로 어느 경우이건 어기조사로 보면 된다.

▶ 예 문

仁者安仁(『論語 · 里仁』)〔『논어 · 이인』〕

(어진 사람〔←것〕은〔어질면〕 어짊〔인〕을 편안하게 여긴다〔안주한다〕.)

往者不可諫, 來者猶可追(『論語 · 微子』)〔『논어 · 미자』〕

(가버린 것〔일〕(〔가버리면〕)은 탓할 수가 없고, 올 것〔올 일〕은(〔온다면〕) 아직 좇을〔→따라잡을〕 수가 있다.)

君子道者 三, 我無能焉(『論語 · 憲問』)〔『논어 · 헌문』〕

(군자의 도〔←도라는 것〕는 셋인데, 나는 그 가운데서 잘하는 것이 없다.)

3. '焉'(언)이 어기조사로 쓰이는 경우는 이것이 붙는 부분이 화자가 의도하는 말의 초점임을 강조하는 기능을 한다. 어조가 아닌 경우는 '그' 또는 '어디(어찌)'를 뜻한다.

▶ **예 문**

君子病無能焉 不病人之不已知也(『論語 · 衛靈公』)〔『논어 · 위영공』〕

(군자는 능력이 없는 것을 괴로워하지 남이 자기를 알아주지 않는 것을 괴로워하지 않는다.)

4. '哉'(재)는 감탄을 나타내는 대표적인 어기조사이다. 이것이 쓰인 문장은 감탄문이거나 감탄성을 띠는 반어문이다.

▶ **예 문**

大哉! 堯之爲君也(『論語 · 泰伯』)〔『논어 · 태백』〕

(크시도다! 요가 임금 되심은.)

5. '乎'(호)는 대표적인 의문 어기조사이다. 순수한 의문에서 반어(反語)법의 의문, 추측 등의 어기에 이르기까지 다양한 의문의 어기를 나타낸다.

▶ **예 문**

賢者亦有此樂乎?(『孟子 · 梁惠王下』)〔『맹자 · 양혜왕 하』〕

(어진 사람에게도 역시 이 즐거움이 있습니까?)

滕小國也 間於齊楚 事齊乎 事楚乎?(『孟子 · 梁惠王下』)〔『맹자 · 양혜왕 하』〕

(등나라는 작은 나라로서 제나라와 초나라 사이에 끼어있

는데 제나라를 섬겨야 할까요? 초나라를 섬겨야 할까요?)

王后將相寧有種乎?(『史記 · 陳涉世家』)〔『사기 · 진섭세가』〕

(왕후장상에 어찌 씨가 있겠는가?)

6. '也'(야)는 어떤 용도의 문장에 쓰이건 '판단'의 어기를 나타낸다. 문장의 끝에 쓰인 경우는 판단의 결과를 강조하며, 문장 중의 어떤 성분(판단의 대상) 뒤에 쓰이면 그것에 대하여 판단하고자 함을 강조하므로 두드러지게 하는 효과가 있다.

▶ 예 문

廉頗者 趙之良將也(『史記 · 廉頗藺相如列傳』)〔『사기 · 염파인상여열전』〕

(염파는 조나라의 훌륭한 장군이다.)

何由知吾可也?(『孟子 · 梁惠王上』)〔『맹자 · 양혜왕 상』〕

(무엇으로 말미암아 내가 할 수 있다는 것을 아셨소?)

王如知此 則無望民之多於隣國也(『孟子 · 梁惠王上』)〔『맹자 · 양혜왕 상』〕

(왕께서 이를 아실 것 같으면 곧 백성이 이웃 나라보다 많기를 바랄 것이 없으십니다〔→없으소서〕.)

大哉! 堯之爲君也(『論語 · 泰伯』)〔『태백 · 이인』〕

(크시도다! 요가 임금 되심은.)